农地流转的障碍因素与政策创新研究
——新型城镇化背景下山东省的实证

NONGDI LIUZHUAN DE ZHANGAI YINSU YU ZHENGCE CHUANGXIN YANJIU
Xinxing Chengzhenhua Beijingxia Shandongsheng de Shizheng

张全景 吕晓 于伟 ◎著

北京师范大学出版集团
BEIJING NORMAL UNIVERSITY PUBLISHING GROUP
北京师范大学出版社

图书在版编目（CIP）数据

农地流转的障碍因素与政策创新研究 / 张全景，吕晓，于伟著.—北京：北京师范大学出版社，2018.10
ISBN 978-7-303-22174-5

Ⅰ.①农… Ⅱ.①张… ②吕… ③于… Ⅲ.①农业用地－土地流转－研究－中国 Ⅳ.①F321.1

中国版本图书馆CIP数据核字（2018）第039332号

营销中心电话	0537-4459916　010-58808015
北师大出版集团华东分社	http://bnuphd.qfnu.edu.cn
电子信箱	hdfs999@163.com

出版发行：北京师范大学出版社　www.bnup.com
北京市海淀区新街口外大街19号
邮政编码：100875

印　　刷：日照日报印务中心
经　　销：全国新华书店
开　　本：787 mm×1092 mm　1/16
印　　张：12.5
字　　数：217千字
版　　次：2018年10月第1版
印　　次：2018年10月第1次印刷
定　　价：36.00元

策划编辑：李　飞　　　责任编辑：康　悦
美术编辑：耿中虎　　　装帧设计：耿中虎
责任校对：李云虎　　　责任印制：李　飞

版权所有　侵权必究
反盗版、侵权举报电话：010-58800697
北京读者服务部电话：010-58808104
外埠邮购电话：010-58808083
本书如有印装质量问题，请与印制管理部联系调换。
印制管理部电话：010-58805079

序

　　新型城镇化，不同于以"虹吸"农村高边际效用要素为主导的旧型城镇化，它以创新、协调、绿色、开放、共享的发展理念为引领，以人的城镇化为核心，更加注重城乡双向要素流动的统筹发展，因此，有利于实现新型城镇化与新型农业现代化发展的同频共振。正因为如此，自2013年中共中央十八届三中全会以来，新型城镇化建设以及以农地流转为重要路径的新型农业现代化建设得到了积极推进。农地流转对推动农业人口市民化、农业产业化等具有重要影响，而农地流转的规模、速度和质量又影响着新型城镇化的推进进程。可见，如何统筹新型城镇化与新型农业现代化的发展关系，协调城镇化发展和农地流转的关系，成为具有重要理论与现实意义的新课题。

　　从理论上来看，新型城镇化使我国农地流转整体加速，使流转规模逐渐扩大，使流转机制得到不断创新。但农地流转市场发育的过程性，以及运行机制、权益保障等制度建设等方面，都使得农地流转需要逐步推进。这就向我们提出了值得研究的问题：影响农地流转的障碍因素究竟是哪些？随着中央有关促进农地流转的政策供给强度不断加大，农地流转政策的创新有哪些？因此，通过典型地区的实证研究，探讨新型城镇化背景下农地流转的障碍因素和政策创新，检讨农地流转政策的不足，对于理性推进农地流转具有重要的实践意义。正是基于以上背景，曲阜师范大学张全景教授在山东省软科学研究计划项目资助下，选择"新型城镇化背景下山东省农地流转的障碍因素与政策创新研究"这一课题，组织精干人员攻关研究，形成了本部著作——《农地流转的障碍因素与政策创新研究——新型城镇化背景下山东省的实证》。

该书的创新性在于：

一是视角新颖。该书从我国新型城镇化的时代背景和农地流转的现实推进程度入手，采用文献法、调查法、计量模型定量分析、定性分析等研究方法，遵循"识别关键问题—剖析内在机理—实证研究—探索创新策略"的思路，解读了新型城镇化的内涵，探讨了旧型城镇化进程中农地流转的困境，剖析了新型城镇化与农地流转的耦合关系，为人们科学认知新型城镇化过程中的农地流转规律提供了理论基础。

二是研究引入了威廉姆森（Williamson）提出的制度分析方法，从社会基础、制度环境、治理结构和资源配置四个层次，构建了农地流转制度的理论分析框架，从而为科学分析农地流转制度绩效提供了方法支撑。

三是结合典型省份山东省开展实证研究，从形式、现状、特点、存在的问题、省际比较等方面，刻画了山东省农地流转的现状特征，分析了农地流转的演变态势及其驱动机制；结合较为深入的农户问卷调查，从农地产权、农业补贴政策、农业自然风险与农业保险供给、农地流转市场、乡村治理结构、政府管理、农户观念等方面，深入剖析了研究区域影响农地流转的障碍因素，为其他区域开展类似研究提供了具有借鉴意义的研究案例。

四是基于农业供给侧结构性改革的政策取向，从完善农地产权制度、优化农地流转政策环境、强化农业保险供给、健全农地流转市场体系、规范农地流转管理体系、完善乡村治理结构、更新农户观念、营造流转氛围等方面，提出了农地流转制度与政策的创新路径。

总之，全书结构清晰严谨，既有理论溯源，也有应用指向，实现了理论分析、政策研究和实证调研的有机结合，彰显了作者扎实全面的理论功底和较为高超的知识整合能力。尤其是本研究在全方位揭示影响农地流转的障碍因素及其障碍机理的基础上，有针对性地提出了系统的完善农地流转政策的对策建议，使对策建议更具有实效性。

分享作者的研究成果，使得我对新型城镇化进程中的农地流转问题有了更深刻、更丰富的认识。但是，新型城镇化的提出仅过了数年，真正构建新型城镇化的发展机制还需要不断探索。这一过程中，农地流转机制的建立和发展具有自身的规律性，因此随着新型城镇化的建设，我们需要持续关注和研究农地流转问题，从而为不断完善新型城镇化与农地流转的耦合关系提供理论支撑和发展案例。

衷心祝愿作者取得更多、更好的研究成果，分享更多、更好的研究成果。

中国土地学会副理事长

教育部长江学者特聘教授

南京大学教授、博士生导师

黄贤金

2016 年 6 月

目 录

第一章 绪论 ………………………………………………………… 1
 第一节 研究背景与意义 ………………………………………… 1
 第二节 研究目标与主要内容 …………………………………… 2
 第三节 研究思路与技术路线 …………………………………… 3
 第四节 研究的创新之处与不足 ………………………………… 4

第二章 新型城镇化背景下农地流转研究的理论分析框架 ……… 5
 第一节 研究的理论基础 ………………………………………… 5
 第二节 相关概念界定 …………………………………………… 10
 第三节 理论分析框架 …………………………………………… 13

第三章 新型城镇化与农地流转的耦合关系 ……………………… 18
 第一节 新型城镇化的背景与内涵 ……………………………… 18
 第二节 传统城镇化进程中的农地流转 ………………………… 23
 第三节 新型城镇化与农地流转的耦合分析 …………………… 25
 第四节 新型城镇化与农地流转的耦合案例 …………………… 28

第四章 山东省农地流转的发展现状分析 ………………………… 45
 第一节 山东省农地流转的发展背景分析 ……………………… 45
 第二节 山东省农地流转的现状特征 …………………………… 49
 第三节 山东省农地流转的演变态势分析 ……………………… 60

第五章 山东省农地流转的典型调查分析 ………………………… 68
 第一节 调查案例区及样本描述 ………………………………… 68
 第二节 农户农地流转意愿分析 ………………………………… 77
 第三节 农户农地流转行为分析 ………………………………… 92
 第四节 农户农地流转意愿与流转行为的差异分析 …………… 96

第六章 农地流转障碍因素的宏观分析 …… 102
第一节 农地产权缺陷对流转的制约 …… 102
第二节 农业补贴与农产品价格缺陷对农地流转的限制 …… 112
第三节 农业自然风险限制与农业保险供给不足 …… 117
第四节 农地流转市场发育不健全 …… 128
第五节 政府在农地流转管理中的缺陷 …… 135
第六节 乡村治理结构变迁给农地流转带来的不确定性增加 …… 140
第七节 农户观念对农地流转的制约 …… 147

第七章 农地流转的政策创新设计 …… 153
第一节 完善农地产权制度，保障农地流转顺利运行 …… 153
第二节 完善农业投入政策，优化农地流转的经济政策环境 …… 157
第三节 降低自然风险，完善农业保险供给，稳固农地流转基础 …… 164
第四节 健全农地流转市场体系，奠定农地合理流转的基础 …… 168
第五节 建立健全农地流转管理体系，促进农地有序流转 …… 175
第六节 优化乡村治理结构，促进农地合理流转 …… 177
第七节 营造良好的农地流转氛围，积极转变农户观念 …… 180

参考文献 …… 184
后 记 …… 192

第一章 绪论

第一节 研究背景与意义

推动新型城镇化与农业现代化及新农村建设的协调发展已成为我国当前现代化建设的重大战略抉择。但是，作为以人的城镇化为核心的新型城镇化，还有一系列问题急需解决。一方面，在新型城镇化的过程中，越来越多的农民离开农村到城镇务工经商，但户籍制度的枷锁、社会保障制度的不完善、就业制度的不健全等问题致使农民不愿完全放弃承包土地，导致耕地撂荒与粗放利用现象出现，解决这一问题的有效途径便是实现农地合理流转。另一方面，随着农业现代化和新农村建设进程的加快，构建集约化、专业化、组织化、社会化相结合的新型农业经营体系成为我国现代农业发展的必然要求，而新型农业经营体系的成功构建也需要实现农地合理、有效流转。

本研究所指的农地流转实质上是农村土地经营权的流转，指农村集体经济组织中的农户将其拥有的土地经营权流转给其他农户或经济组织的一种土地利用行为。合理的农地流转对解决我国粮食安全问题、"三农"问题以及促进"四化"协调等均具有积极影响。因此，在稳定农村土地承包权长期不变的前提下，允许土地经营权以多种形式进行流转，促进农地实现适度规模经营，成为完善家庭联产承包责任制的必然选择。同时，建立健全土地承包经营权流转制度与市场也成为农村土地改革的一个指导方向。1984 年中央一号文件就已经提出土地承包经营权可以有偿转让，鼓励农地向种田能手集中。此后，以《中华人民共和国物权法》《中华人民共和国土地管理法》《中华人民共和国农村土地承包法》及系列中央文件为主体的农地流转法规与政策陆续出台，力图推动农地流转由缓慢自发向快速规范化转型。然而，流转数量不足、程序不规范、市场机制不健全、管理服务不到位等问题仍大量存在，使得农地流转程度总体偏低，农地流转的积极效应难以有效发挥。针对这一系列问题，党的十七届三中全会、十八届三中全会均高度重视农地流转，持续发力推动农地确权赋能，加速推进合理流转。2014 年 11 月，中共中央办公厅、国务院办公厅印发《关于引导农村土地经营权有序流转发展农业适度规模经营的意见》，进一步明确指出土地流转和适度规模经营是发展现代农业的必由之路。

山东省是经济强省、人口大省、农业大省。近年来，山东省新型城镇化步伐突飞猛进，人地矛盾日益突出，农地流转制度建设与改革持续发力、深入推进。因此，以山东省为典型样本，全面审视农地流转现状，系统分析影响农地流转的障碍因素，深刻揭示其障碍机理，有针对性地完善与创新农地流转政策，对优化山东省及我国其他省区农村土地资源配置，助推新型城镇化与农地流转耦合协调发展，提升农业生产绩效，促进农村经济发展、社会稳定以及实现农业现代化等具有现实意义和理论价值。

第二节　研究目标与主要内容

一、研究目标

在新型城镇化背景下全面审视山东省农地流转现状，了解农户等经营主体的流转意愿、需求，评估流转绩效及潜力，解读农地流转发展轨迹，揭示农地流转市场运行机制，分析农地合理流转的影响因素及其区域差异，归纳影响农地流转的障碍因素，深刻剖析阻碍农地流转的根源，并有针对性地提出完善与创新农地流转的政策建议，为优化山东省乃至全国的土地资源配置、构建新型农业经营体系、深化农村改革、促进农村社会经济发展、推动新型城镇化与农业现代化及新农村建设的协调发展提供理论和实践支撑。

二、主要内容

本研究的主要内容包括以下四个方面。①构建具有包容性的农地流转理论分析框架:借鉴威廉姆森的四层次分析框架,从社会基础、制度环境、治理结构和资源配置四个层次构建理论分析框架,明确农地流转障碍因素分析的时空尺度、层次体系及研究方法。②山东省农地流转的现状分析:通过汇总统计数据、典型田野调查数据,分析农地流转的整体演化态势;同步梳理我国相关管理政策体系及相应的社会经济背景变迁趋势,多维度评估农地流转的发展现状与特征。③农地流转的障碍因素及其机理:基于宏观政府管控、区域土地利用综合效益最大化以及微观农户行为响应、家庭土地经营效用最大化的耦合视角,定性分析与定量分析相结合,实证分析与规范分析相结合,从城乡社会转型、土地利用转型、市场机制构建、管理体制变革、微观主体响应等方面,系统分析影响农地合理流转的障碍因素及其障碍机理,尤其关注其中的区域差异、农户阶层分化现象。④促进农地合理流转的创新性政策建议:基于适应性管理理念,探索破解关键障碍因素的政策创新路径;基于系统性原理,由点到面,创新完善农地流转政策体系。

第三节 研究思路与技术路线

本研究总体遵循"识别关键问题—剖析内在机理—实证研究—探索创新策略"的思路,按如下递进步骤展开:①在明确研究任务和目标的前提下,做实文献(理论文献、政策文献)研究,着重调查研究(针对政府、集体与农户等不同主体的调研访谈、问卷调查)及数据搜集整理,借鉴前人研究成果,了解不同主体的流转意愿与需求,解读农地流转发展轨迹;②理论与实证研究相结合,定性与定量研究相结合,揭示农地流转市场运行机制,深刻分析影响农地合理流转的障碍因素体系、障碍机制及其区域差异;③依据以上成果,提出有针对性的系统的完善农地流转政策的对策主张。

图 1-1　本研究的技术路线

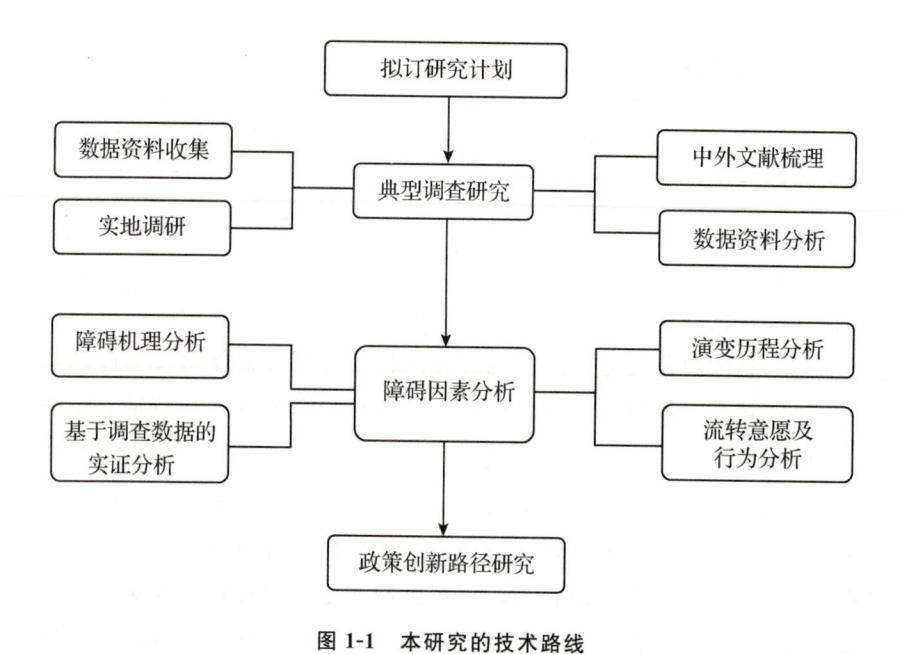

第四节　研究的创新之处与不足

本研究基于创新农村土地政策、积极推进新型城镇化的宏观背景，综合运用定性研究、定量模型研究、实证研究等方法，从宏观、微观相结合的视角全方位系统分析了影响山东省农地合理流转的障碍因素及其障碍机理，并有针对性地提出了克服障碍的对策建议，在研究方法和研究内容上有一定的开拓创新性。

鉴于项目组成员水平有限、课题执行周期短、部分数据获取难度较大等，本研究对农业合作社、家庭农场等新型农地流转主体的分析不够透彻，对农地流转与新型城镇化耦合关系的研究也有待于进一步加强。

第二章　新型城镇化背景下农地流转研究的理论分析框架

第一节　研究的理论基础

一、地租理论

地租是当今市场经济条件下土地有偿使用的依据，也是农产品及土地价格制定的基础，因此，研究农地流转问题要全面认识和分析地租理论。

马克思主义地租理论科学地揭示了地租产生的原因及其本质：土地所有权与经营权的分离是地租产生的最基本的前提条件；地租可分为级差地租、绝对地租、垄断地租、矿山地租、建筑地段地租等，其中级差地租分为级差地租Ⅰ和级差地租Ⅱ。级差地租Ⅰ是指肥力较高和距市场较近的土地产生的超额利润转化而成的地租；级差地租Ⅱ是指对同一地块连续追加投资，因各个连续投资生产率不同产生的超额利润转化而成的地租。[①]

级差地租理论是农地流转价格机制形成的基础理论。因级差地租的存在，我国不同区域、同一区域内土地条件不同的地区的农地流转的价格有显著差距：土壤肥力较高、距大城市较近、集约经营度较高的农地的流转价格要普遍高于土壤肥力较低、距大城市较远、集约经

[①] 孔燕：《马克思主义地租理论与我国土地流转》，载《南阳师范学院学报》，2010，9 (11)。

营度较低的农地的价格。

二、土地产权理论

农地流转实质是农地产权的流转及因产权的流转而产生的收益的变动。因此,研究我国农地流转问题不可避免地会涉及土地产权理论。

土地产权是指存在于土地之上的排他性完全权利,包括土地所有权、土地使用权、土地租赁权、土地抵押权、土地继承权、地役权等多项权利。[①] 其主要内容和特点如下。①所有权是土地产权的核心,其根本特征是排他性,它产生的前提是一些人垄断一定数量的土地,把它作为排斥其他一切人的、只服从个人意志的领域。[②] ②土地产权不是某种单一的权利,而是由若干不同权利组成的权利束,因而可以被分解;当进行市场交易时,权利就会依市场的需求发生分解,从而完成市场等价交换。[③] ③土地产权是一种商品,就像资本一样,变成了支取无酬劳动、无代价劳动的凭证。[④] 土地产权的上述特征,决定了土地产权可以进行市场交易,并在交易过程中实现土地产权的价值。

虽然我国当前的法律和政策对农地承包经营权进行了物权规范,但现实中我国农地承包经营权仍然缺乏明晰性、排他性、安全性,这对我国农地合理有序地流转带来了极为不利的影响。首先,不完全的农地承包经营权降低了农地经营收益和交易价格,从而增加了农地交易成本,最终减少了农户的农地需求和供给。[⑤] 其次,由于农地产权的弱排他性,很多有流转意愿的农户,怕流转农地后无法收回,导致农地流转发生的概率降低。最后,新形势下中央提出了农地三权分置:

[①] 毕宝德:《土地经济学》第7版,142~143页,北京,中国人民大学出版社,2016。

[②] 马克思:《资本论》第3卷,695页,北京,人民出版社,2004。

[③] 罗纳德·哈里·科斯:《企业、市场与法律》,117~127页,上海,格致出版社,上海三联书店,上海人民出版社,2009。

[④] 马克思、恩格斯:《马克思恩格斯全集》第26卷,36页,北京,人民出版社,1973。

[⑤] 钱忠好:《农村土地承包经营权产权残缺与市场流转困境:理论与政策分析》,载《管理世界》,2002(6)。

所有权归集体经济组织，承包权归农户，经营权可以自由流转。这是继家庭联产承包责任制后农村改革的又一重大制度创新，但经营权到底是物权还是债权，目前法律上还没有明确界定，这在一定程度上也影响了农地流转。

三、理性选择理论

农户是农地经营的主体，是农地流转中最基本的供给者和需求者。在对是否流转、以何种方式流转做出选择前，他们要对经济利益、家庭状况、社会文化等因素进行综合分析与判断，其最终决策及行为是否理性会对农地流转的进行产生重要的影响。因此，理性选择理论是农户农地流转研究的重要理论依据。

美国社会学家科尔曼从个体行动者和法人行动者出发，整合宏观主义和微观主义的观点来分析和阐述理性选择理论，成为理性选择理论最为杰出的代表。其理论的主要内容有：①行动系统、行动结构、行动权利以及社会最优四组概念是理性选择理论的基础；②人们的理性行动总是在一定规范指导下的行动，因此，人们应当对社会规范展开彻底批判；③理性选择理论不仅要分析个别行动者的行动，也要能够从微观分析上升到宏观分析。① 科尔曼的理论是建立在大量假设基础上的，而这些假设在现实条件中很难完全成立，所以不可避免地会存在一些缺陷。为此，阿罗、西蒙等学者对完全理性理论进行了修正：阿罗首次提出了"有限理性"的概念；西蒙认为人们做出的选择并非以"最优"为标准，而是以"最满意"为标准的。

本研究认为农户的农地流转行为是不可能达到完全理性的，因为农地流转是一种经济行为，同时更是一种社会行为。一方面，因为我国农地仍然具有较强的保障功能，所以农户对农地流转一般会有后顾之忧，即使流转后能获得很大的比较利益，也不愿把农地全部流转出去；另一方面，亲情或友情因素、个人性格因素、传统习俗因素、从众心理等也会影响到农地流转的进行。因此，农地流转中农户的行为

---

① 高连克：《论科尔曼的理性选择理论》，载《集美大学学报（哲学社会科学版）》，2005，8（3）。

是具有有限理性的。

四、新制度经济学理论

新制度经济学的概念是威廉姆森于1975年最先提出的。简单地讲，新制度经济学就是指用经济学的方法研究制度经济学。作为应用现代微观经济学分析方法研究制度和制度变迁的产物，新制度经济学被威廉姆森清楚地阐述为两个方面的内容：一是组织，二是组织的治理。① 作为对新古典经济学理论的修正，新制度经济学所保持的是稀缺的基本假设和由此产生的竞争及微观经济理论的分析工具，所修改的是理性的假设。因此，新制度经济学关于人的行为假设更接近现实的人，更接近真实的世界，如新制度经济学代表人物科斯（R. H. Coase）所言："实际的人在由现实制度所赋予的制约条件中活动。"同时，由于交易费用、产权和制度范畴的引入，新制度经济学主张，看待和分析经济生活中的问题，必须结合现实的制度环境，以交易费用的高低为准绳，通过界定产权来促进经济的增长和效率的提高。②③ 交易费用理论和产权理论也就成为新制度经济学的基本理论工具。总之，新制度经济学的重要贡献之一便是对制度这个极为重要却又难以规范分析的因素，提出了一套完整、科学的分析范式，因而为其他学科领域分析制度绩效提供了很好的参照。④

制度分析方法是新制度经济学的重要组成部分。在制度经济学中，最有用的制度研究框架是由威廉姆森提出的。他不仅划分了制度分析的层次，即第一层次为社会和文化的基础制度，第二层次为基本的制度环境，第三层次为治理机制，第四层次为短期资源分配制度，而且

---

① 卢现祥：《新制度经济学》第2版，12～13页，武汉，武汉大学出版社，2011。

② 陈钊：《新制度经济学方法论剖析》，硕士学位论文，中央民族大学，2005。

③ 王咸宁：《关于新制度经济学方法论的有关思考》，载《湖北经济学院学报》，2007，5（2）。

④ 吴远翔：《基于新制度经济学理论的当代中国城市设计制度研究》，博士学位论文，哈尔滨工业大学，2009。

还提出了每个层次制度变迁的时间。这种四个层次的划分成为本研究理论分析框架建构的重要理论基础。作为人们在追求经营收益增加的过程中加大土地投入的行为表征，农地流转不仅仅受到经济规律的支配，更重要的是受到制度这一"游戏规则"的制约。政府为了合理调控土地资源配置，出台了一系列土地管理法律和配套政策加大调控力度。借鉴相关研究的分析层次与研究范式，运用制度分析的方法找到调控政策与制度失效的原因并加以改进，成为新制度经济学理论对本研究而言重要的参考价值。

五、城乡一体化理论

马克思和恩格斯从社会分工入手研究城乡关系问题。他们指出了城乡关系的根源是私有制的存在。生产力发展到一定阶段会形成城乡差别和城乡对立。随着生产力的进一步发展，城乡差别又必然会消失。恩格斯提出"城乡融合"的概念，并指出这一目标实现的两个标志是工人与农民之间阶级差别的消失和人口分布不均衡现象的消失。马克思、恩格斯提出的城乡关系理论为我国新型城镇化发展、城乡一体化发展提供了理论依据。胡锦涛从"科学发展观"的高度阐述：城乡化是随着生产力的发展而促进城乡居民生产方式、生活方式和居住方式变化的过程；是城乡人口、技术、资本、资源等各要素的相互融合、相互服务而达到城乡间经济、社会、文化、生态的协调发展的过程；是把工业和农业、城市和乡村作为一个整体，统筹谋划，综合研究，通过体制改革和政策调整改变城乡二元结构，实现城乡政策上的平等和产业上的互补的整个城乡经济全面协调可持续发展的过程。习近平指出城镇化要与农业现代化和新农村建设同步发展，要推进城乡一体化发展。"我们既要有工业化、信息化、城镇化，也要有农业现代化和新农村建设，两个方面要同步发展。要破除城乡二元结构，推进城乡发展一体化，把广大农村建设成农民幸福生活的美好家园。"习近平在中共中央政治局第二十二次集体学习时指出："推进城乡发展一体化，是工业化、城镇化、农业现代化发展到一定阶段的必然要求，是国家现代化的重要标志。"

城乡一体化是城市和乡村互助、互利的双向推动的过程和结果。城市通过向乡村输入产业、技术、资金、服务等，带动乡村经济的发展，而乡村通过向城市供应劳动力、农副产品以及简单的日用品等促进城市的发展。城乡之间通过这些要素的交流形成一种互动的关系，形成了城乡间经济的一体化。除此之外，城市和乡村之间需要通过便捷的交通和现代化的信息网络系统联系起来，形成空间上的融合。① 城乡一体化的核心思想是消除城乡二元结构，改变城乡分割的局面，确立新型城乡关系，缩小城乡差距，为本研究提供了重要的理论基础和参考依据。

第二节 相关概念界定

一、农地

作为日常用语，农地并不是一个十分规范的提法，其概念比较模糊。不同文献在不同的背景下对农地一词的解释也存在着一定差异。概括起来，目前农地的含义主要有以下四种：①农村土地；②农村集体所有土地；③农用地；④耕地。本研究中的农地仅界定为由农民集体所有并发包给农户家庭用于农业生产的耕地，既不包括宅基地等农村建设用地，也不涉及林地、园地等其他农用地。

二、农户

农户是农业经营体系中最基本的主体。作为一个多义的混合概念，农户有狭义和广义之分。从狭义上来看，结合农户的社会、经济特点，农户概括为以家庭为单位，以家庭成员为劳动力，完全或主要从事农业生产活动的经济组织。② 与农业生产的其他组织形式相比，农户的本质特征在于以家庭为基础。广义的农户还包括家庭农场、农业经营

---

① 许学强、薛凤旋、阎小培：《中国乡村——城市转型与协调发展》，130~137页，北京，科学出版社，1998。

② 尤小文：《农户：一个概念的探讨》，载《中国农村观察》，1999 (5)。

组织等其他农业生产主体。① 本研究认为使用狭义的农户概念更符合我国的实际：我国最基本的农业生产单位向来以建立在婚姻和血缘关系基础上的家庭为主体，而家庭农场和农业经营组织只是通过雇用农户或农户联合而成的规模经营组织，而不能等同于农户。因此，本研究所指的农户是具有农村户籍和土地承包经营权的家庭，无论从事农业经营活动与否都在本研究的概念界定范围之内。

三、土地承包经营权

土地承包经营权是我国在特殊历史背景下产生的一种权利，其概念处于不断变化与发展之中。不同领域的学者对土地承包经营权的概念、权利的主体与客体、权利所包含的内容所持的观点也不尽相同，概括来说，主要有债权说、物权说、多元化说三种观点。② 2007 年我国颁布的《物权法》将土地承包经营权界定为用益物权，随后"物权说"也越来越被社会各界所肯定。本研究认为土承包经营权应当是一种物权，因为只有土地承包经营权在行使中具有了排他性的特征，农户才会对自己的承包地充满信心，才会放心把承包地流转出去。鉴于此，本研究借用丁关良教授的观点，认为土地承包经营权是指土地承包经营权人以耕作、竹木、养殖或者畜牧为农业生产方式，并以从事种植业、林业、渔业、畜牧业等为农业目的，对国家或者农民集体所有的农用土地直接支配的权利。③

党的十八届三中全会后，中共中央关于农地产权"三权分置"的改革思路日渐清晰。2014 年 1 月 19 日，中共中央、国务院印发了《关于全面深化农村改革加快推进农业现代化的若干意见》，明确指出"在落实农村土地集体所有权的基础上，稳定农户承包权、放活土地经营权，允许承包土地的经营权向金融机构抵押融资"。这是我国在继习

---

① 李光兵：《国外两种农户经济行为理论及其启示》，载《农村经济与社会》，1992 (6)。

② 刘俊：《土地承包经营权性质探讨》，载《现代法学》，2007，29 (2)。

③ 丁关良：《〈物权法〉中"土地承包经营权"条文设计研究》，载《浙江大学学报（人文社会科学版）》，2005，35 (2)。

近平在考察调研和中央农村工作会议讲话中提出之后，首次在中央文件中明确提出"农户承包权"和"土地经营权"的概念，为未来农地产权制度改革指明了方向，也进一步明确了农地流转的基本内涵。2014年11月，中共中央办公厅、国务院办公厅印发《关于引导农村土地经营权有序流转发展农业适度规模经营的意见》，首次专门发文部署"土地经营权"而非"土地承包经营权"流转，指出土地流转和适度规模经营是发展现代农业的必由之路，有利于优化土地资源配置和提高劳动生产率，有利于保障粮食安全和主要农产品供给，有利于促进农业技术推广应用和农业增效、农民增收，应从我国人多地少、农村情况千差万别的实际出发，积极稳妥地推进。2014年12月，国务院办公厅印发《关于引导农村产权流转交易市场健康发展的意见》，指出土地承包经营权"是指以家庭承包方式承包的耕地、草地、养殖水面等经营权"。这是中央首次将（农户承包）土地经营权流转纳入农村产权流转的范畴，从而进一步丰富了土地经营权的权利内容，而且中央的政策指向十分明确，即允许并鼓励土地承包经营权通过转包、出租、互换、转让及入股等方式进行流转，但农地流转流入方得到的只有土地经营权而非土地承包权。当然，本研究主要围绕耕地的经营权展开讨论，并未涉及草地、养殖水面等。

尽管目前的法律尚未对土地经营权进行明确的界定，但综合已有研究来看，土地经营权具有以下特征①：一是经营权的前缀词是"家庭承包土地"；二是经营权的主要目的是"放活"，既可以"向金融机构抵押融资"，也可以"通过市场流转交易"，还可以"入股合作社和龙头企业"，并鼓励创新土地流转形式；三是经营权流转场所可以是"农村产权流转交易市场"等"公开市场"，且通过"市场流转交易"的经营权流转具有"明显的资产使用权租赁市场"的特征。

---

① 张毅、张红、毕宝德：《农地的"三权分置"及改革问题：政策轨迹、文本分析与产权重构》，载《中国软科学》，2016（3）。

四、农地流转

本研究所指的农地流转本质上是农村土地经营权的流转,即集体经济组织中的农户将其拥有的土地经营权流转给其他农户或经济组织的一种土地利用行为。多数学者认为农地流转只是对农地经营权或使用权的转让,但也有学者认为农地流转还应包括农地所有权的转让,像土地征收、农用地转用等都属于农地流转的范畴。目前,我国农地流转的方式有很多。根据《农村土地承包法》的规定,最基本的流转方式有转包、出租、互换、转让、入股五种。本研究认为只要是让渡农地经营权或使用权的行为都属于农地流转行为,因此,除了五种基本方式外,传统的委托代耕,新兴的反租倒包、土地银行等也属于农地流转的方式,而土地征收、农用地转用等使农地所有权丧失的行为不属于农地流转的方式。

第三节 理论分析框架

一、分析尺度

基于尺度的认识论含义,分析尺度受到研究者视角的影响,是对现实尺度的等级化、建构主义的理解。从等级化的分析尺度视角来看,尺度是有结构和层级的,且每个事物都处于一个尺度的等级序列之中。而从建构主义视角出发,定义尺度的过程则往往是一种人为建构的过程。[1] 因为尺度并非现实世界固有的或抽象的实体结构,而是人类认识世界时在头脑中形成的结构,是为了将世界条理化而人为地创造出来的概念化机制和思想工具。社会活动、人的主观感知和话语权等对尺度的建构有重要影响。从已有研究来看,农地流转作为一种资源配置过程中的客观现象,人们对其分析尺度的选择既有等级化的理解,比如从国家、区域、城市、县域等不同的等级化尺度上进行理解,也

---

[1] 刘云刚、王丰龙:《尺度的人文地理内涵与尺度政治——基于1980年代以来英语圈人文地理学的尺度研究》,载《人文地理》,2011(3)。

有建构主义的理解,比如从典型的经济带、城市群等尺度上进行理解。不同的分析尺度代表着不同的结构性分析框架,可能带来不同的研究结果。因此,分析尺度的选择在分析框架的构建中具有重要地位。

农地流转的分析尺度需要以一定的空间尺度为基础。考虑到区域的经济社会发展通常以行政区为配置和统计边界,多数研究选择将等级化的行政区域或行政区域的组合地带作为分析尺度,本研究也不例外。同时,资源配置的相关制度环境和治理结构在空间上一般落实在具体县域单元,而且县域相邻单元以及县域所辖各乡镇单元之间具有显著的互动影响关系。可见,县级区域作为具有较大自主权的经济社会发展单位,尽管可能难以充分体现出地域的差异性,但是在从中小尺度的视角来分析农地流转机理及其障碍因素方面具有独特的优势。因此,本研究在对省域农地流转现象进行宏观尺度分析的基础上,选择典型县域空间作为调研的基本分析尺度,辅以微观农地流转主体农户的调查数据分析,探索宏观(山东省)、中观(典型县域)、微观(农户)三个不同尺度下的农地流转的障碍因素、机理及其可能的政策创新对策。

二、层次体系

农地流转直观上体现在物质空间层面,但其演化过程受到经济发展、社会进步等诸多方面的影响。借鉴威廉姆森提出的社会分析的四个层次以及吴一洲对转型期土地资源利用的空间重构效应分析层次框架,见图 2-1,本研究认为,在农地流转过程中,将资源配置、治理结构、制度环境和社会环境四个层面纳入进来,对理顺农地流转过程中的各种逻辑关系、相互作用机制以及探究障碍因素具有重要的指导意义。考虑到社会环境层次由于非正式制度变化的频率非常低,在较短的时间尺度上可能无法表现出来,所以本研究拟基于前三个层次构建分析框架,解析资源配置层次下的山东省农地流转状态与效率特征,探讨治理结构与制度环境对农地流转过程的影响机制,最后综合提出促进农地合理流转的具体策略。

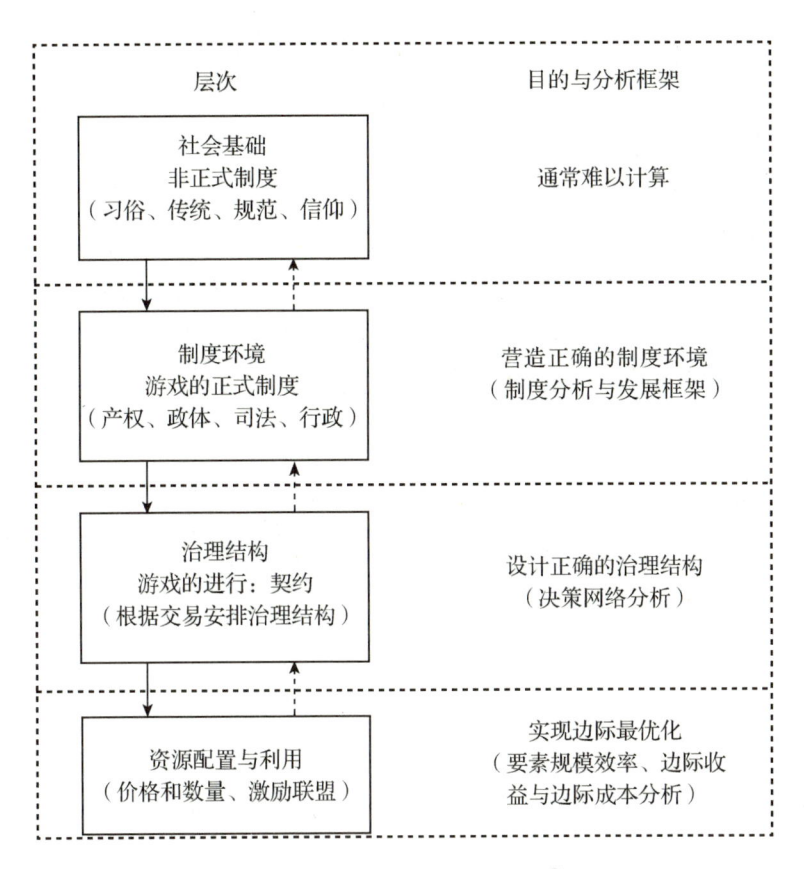

第二章 新型城镇化背景下农地流转研究的理论分析框架

```
层次                                    目的与分析框架

社会基础
非正式制度                              通常难以计算
（习俗、传统、规范、信仰）

制度环境
游戏的正式制度                          营造正确的制度环境
（产权、政体、司法、行政）               （制度分析与发展框架）

治理结构
游戏的进行：契约                        设计正确的治理结构
（根据交易安排治理结构）                 （决策网络分析）

资源配置与利用                          实现边际最优化
（价格和数量、激励联盟）                 （要素规模效率、边际收
                                       益与边际成本分析）
```

图 2-1 社会分析的四个层次[①]

在分析层次体系中，本研究以经济社会发展中农户的农地流转意愿/决策为主线，将农地流转物质空间现象及其深层次的经济社会内涵划分为相对独立而又紧密联系的三个部分。资源配置层次的效率特征分析作为新古典经济学分析部分提供给农地流转实践的参考信息；在实践中实现交易费用尽可能少的治理结构与制度环境成为新制度经济学的分析部分。而农地流转的现状及其演变态势作为农户土地利用的实践结果，加上制度绩效与制度约束，既是分析的起点也是逻辑循环的终点，与上述两个部分相结合构成了一个严密的循环系统，即构成了本研究基本的分析层次体系。

---

① 根据威廉姆森、吴一洲等的相关文献改绘。

三、研究方法

（一）文献资料法

本研究充分利用曲阜师范大学图书馆的丰富资源，获取前人研究的相关成果，深入研究农业部、国土资源部、山东省农业厅以及滕州市、兖州区、曲阜市、鱼台县等调研地相关部门制定的农地流转的相关政策，熟悉农地流转的相关制度性成果，归纳国内外已有的相关理论研究成果与实践调查成果，进行理论借鉴。

（二）实地调查与统计数据相结合

本研究通过问卷调查、访谈、实地观察等形式获得第一手微观数据，并将第一手数据与当地政府的相关统计数据相结合，开展多视角的耦合分析。本研究一方面对山东省农业厅以及滕州市、兖州区、曲阜市、鱼台县等地开展了调研，通过听取汇报、查阅相关资料熟悉调研地的总体情况，通过对农村经济管理相关部门的干部、新型农业经营主体等进行深度访谈，对农地流转的重点问题开展细致研讨；另一方面，组织调查队伍，以典型农业县鱼台县为研究区域，开展了详细的农户问卷调查，共获取了一百余份有效问卷，获取了样本农户的家庭特征、土地经营、政策认知与生活感知等多方面详细信息，作为开展计量经济分析的数据基础。

（三）统计分析与计量经济分析相结合

本研究用统计分析的方法描述近年来山东省农地流转的总体变动态势，并结合农户问卷调查数据构建 logistic 模型，分析农户农地流转的意愿及其影响因素，从宏观和微观等多视角找出农地流转的障碍因素，并尝试确定各障碍因素对农地流转的不同影响程度，并注重区域间的差异对比。

（四）定性分析与定量分析相结合

定性分析是指对研究对象进行"质"的方面的分析，即运用分析与综合、归纳与演绎等方法来认识事物的本质，揭示事物内在的规律。定量分析是指对研究对象的数量特征、数量关系、数量变化的分析。

只有将定性分析和定量分析结合起来运用才能发挥它们应有的作用。本研究在定性分析影响农地流转障碍因素机理的基础上，引入 logistic 模型，进一步定量分析农户农地流转意愿的影响因素，实现了定性分析与定量分析的结合。

第三章 新型城镇化与农地流转的耦合关系

第一节 新型城镇化的背景与内涵

一、新型城镇化的背景

改革开放40年来，我国的社会经济快速发展，综合国力显著提升。2012年，我国国内生产总值已达到51.9万亿元，成为全球仅次于美国的第二大经济实体。在社会经济不断发展的同时，我国的城镇化进程不断推进，无论规模还是速度，都是人类历史上前所未有的。[①] 1980年，我国城镇化水平仅为19.5%，全国城市人口为9035万。根据全国第六次人口普查资料，2010年我国常住城镇人口已达到6.7亿，约占全国总人口13.4亿的49.7%。1980—2010年，城镇化水平提高了30个百分点，年均提高1个百分点；城镇人口增加了5.8亿，平均每年增加近2000万人。根据国家统计局发布的《中华人民共和国2015年国民经济和社会发展统计公报》，2015年年末，大陆总人口约为13.8亿，城镇常住人口约为7.7亿，约占总人口的55.8%，说明我国已经迈入城市社会阶段。1980—2015年，我国的城镇化水平变化情况见图3-1。

从图3-1中可以看出，20世纪90年代中期以来，我国的城镇化速度明显加快，甚至偏离了正常的城镇化发展轨道。因此，不少学者认

[①] 姚士谋、张平宇、余成等：《中国新型城镇化理论与实践问题》，载《地理科学》，2014，34（6）。

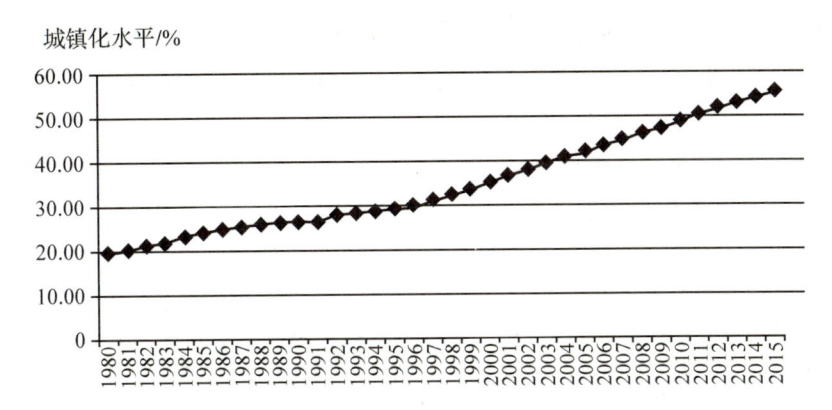

图 3-1　1980—2015 年我国的城镇化水平变化情况

为我国的城镇化存在"冒进"现象①②。持续快速的城镇化进程带来了众多历史性问题：①对农业经济的忽视导致"三农"问题始终动力不足，农民生活质量提高有限；②对城市空间管治的不到位导致耕地尤其是基本农田不断被侵占，城镇蔓延现象严重，土地浪费与紧缺并存；③对生产技术创新的投入不足致使大量城镇长期处于产业链条末端，同质化与内耗越发激烈；④对传统能源和材料的过度依赖导致资源能源紧张，部分资源几近枯竭；⑤节能意识的薄弱和对环境监管的放松导致长期的高污染、高耗能和高排放等。③ 近期频繁出现的雾霾天气殃及全国多个省区，严重影响人民的安全和健康水平。

以城镇建设用地的快速增长为例，我国城镇化的典型特征之一是土地城市化快于人口城市化。很多城市郊区化低密度摊大饼式蔓延，再加上开发区、大学城的建设，导致大量农地被占用。国土资源部的资料显示，"十一五"规划期间，全国每年平均出让土地达 660 万亩。表 3-1 是我国部分特大城市建成区面积及扩展情况。60 余年间，各大

---

① 方创琳、刘晓丽、蔺雪芹：《中国城市化发展阶段的修正及规律性分析》，载《干旱区地理》，2008，31（4）。
② 姚士谋、陆大道、陈振光等：《顺应我国国情条件的城镇化问题的严峻思考》，载《经济地理》，2012，32（5）。
③ 单卓然、黄亚平：《"新型城镇化"概念内涵、目标内容、规划策略及认知误区解析》，载《城市规划学刊》，2013（2）。

城市均扩大了 10 倍以上，其中重庆市扩大了近百倍。

表 3-1　1952—2014 年我国部分特大城市建成区面积及变化

城市	1952 年（平方千米）	1978 年（平方千米）	1997 年（平方千米）	2003 年（平方千米）	2005 年（平方千米）	2014 年（平方千米）	2014 年/1952 年
北京	65.4	190.4	488.0	580.0	950.0	1386.0	21.19
上海	78.5	125.6	412.0	610.0	819.0	998.7*	12.72
广州	16.9	68.5	266.7	410.0	735.0	1035.0	61.24
天津	37.7	90.8	380.0	420.0	530.0	738.0	19.58
南京	32.6	78.4	198.0	260.0	512.0	734.0	22.52
杭州	8.5	28.3	105.0	196.0	310.0	495.0	58.24
重庆	12.5	58.3	190.0	280.0	582.0	1231.0	98.48
西安	16.4	83.9	162.0	245.0	280.0	440.0	26.83

资料来源：《中国城市统计年鉴（2015 年）》；姚士谋，张平宇，余成，等. 中国新型城镇化理论与实践问题[J]. 地理科学，2014，34（6）：641-647.

*上海的数据为 2011 年数据。

基于我国人多地少、人多水少、生态环境脆弱的国情，原有的城镇化道路不可持续。我国人均土地面积为世界平均水平的 1/3，人均耕地面积仅为 1/6～1/5，人均森林资源量为 1/6，人均水资源量为 1/4，人均矿物资源量为 1/8。我国各项资源的人均值基本上都位居世界后列，例如，人均矿产资源量位居世界各国的第 80 位，而且贫矿多、富矿少。目前全国缺水的城市有 380 多个，严重缺水的城市有 80 多个。与世界上其他大国对比的情况，更容易反映我国主要资源（耕地与水资源）的短缺，见表 3-2。陆大道院士认为，我国虽然地域面积广大、物产丰富，但还有 260 万平方千米的不毛之地（高原、沙漠半干旱地区、生存条件较差的高寒缺水地区），缺乏像美国、加拿大、俄罗斯、巴西等国的尚未开发的有用自然资源，特别是土地资源和耕地资源。①

---

① 姚士谋、陆大道、陈振光等：《顺应我国国情条件的城镇化问题的严峻思考》，载《经济地理》，2012，32（5）。

表 3-2 部分世界大国水土、森林等资源比较

	中国	美国	加拿大	俄罗斯	巴西
人口密度（人/平方千米）	131.0	27.5	3.2	8.6	19.1
人均耕地面积（公顷[①]）	0.095	1.140	1.800	1.390	0.807
人均水资源（立方米）	2292	9413	98462	30599	42975
森林面积（平方千米）	133800	209600	247200	754900	566000

资料来源：姚士谋，陆大道，陈振光，等. 顺应我国国情条件的城镇化问题的严峻思考[J]. 经济地理，2012，32（5）：1-6.

二、新型城镇化的内涵

在对传统城镇化模式不断反思的基础上，国内学者逐步提出了新型城镇化发展路径。"新型城镇化"一词虽然出现了 10 余年，但它公认最早是在党的十六大"新型工业化"战略中提出的，主要内涵是依托产业融合推动城乡一体化。[②] 2012 年中央经济工作会议首次正式提出"把生态文明理念和原则全面融入城镇化过程，走集约、智能、绿色、低碳的新型城镇化道路"，并将其确立为未来中国经济发展新的增长动力和扩大内需的重要手段。2013 年党的十八届三中全会之后，新型城镇化成为国家的执政战略，越来越受到社会各界人士的关注。

新型城镇化是在传统城镇化概念的基础上进一步展开的，其在人口集聚、非农产业扩大等方面与传统城镇化无显著差异，但在实现城镇化的内涵、目标、内容与方式上有所区别。实际上，由于各行业、各领域研究的侧重点不同，新型城镇化至今尚无统一和明确的定义。结合党的十八大和中央经济工作会议的新思想，新型城镇化道路的内涵和特征可以归纳为以下四个主要方面的内容[③]：

第一，新型城镇化是工业化、信息化、城镇化、农业现代化"四化"的协调互动，通过产业发展和科技进步推动产城融合，实现城镇带动、统筹城乡发展和农村文明延续的城镇化。它包含四层内容：一

[①] 1 公顷＝10000 平方米。
[②] 李程骅：《科学发展观指导下的新型城镇化战略》，载《求是》，2012（14）。
[③] 张占斌：《新型城镇化的战略意义和改革难题》，载《国家行政学院学报》，2013（1）。

是"四化"协调互动，即信息化和工业化深度融合，工业化和城镇化良性互动，城镇化和农业现代化相互协调，工业化、信息化、城镇化、农业现代化同步发展；二是需要产业集聚促进产城融合，尤其是需要通过服务业发展和科技进步来推动；三是统筹城乡和城乡一体化需要城镇发展来带动；四是城镇化发展不是要消灭农村、农业、农民，而是要注重"三农"问题的解决，增强农村文明的传承能力。

第二，新型城镇化是人口、经济、资源和环境协调推进，倡导集约、智能、绿色、低碳的发展方式，建设生态文明的美丽中国，实现中华民族永续发展的城镇化。它包含四层内容：一是人口、经济、资源和环境相协调，突出统筹均衡发展；二是要把生态文明理念和原则全面融入城镇化的全过程，突出资源集约节约和生态环境友好，体现集约、智能、绿色、低碳城镇化；三是建设生态文明的美丽中国，实现人与自然和谐共处，发展生态经济和生态产品，为全球生态安全做出贡献；四是实现中华民族永续发展，突出代际公平和发展的可持续性。

第三，新型城镇化是构建与区域经济发展和产业布局紧密衔接的城市格局，以城市群为主体形态，大中小城市与小城镇协调发展，提高城市承载能力，展现中国文化、文明自信的城镇化。它包含四层内容：一是大中小城市和小城镇、城市群要科学布局，因地制宜，协调发展，突出与区域经济发展和产业布局紧密衔接；二是以城市群为主体形态，突出城市群的辐射带动作用；三是提高城市承载能力，突出资源环境承载能力与城镇化建设相适应，加强城市基础设施改善和综合能力提升；四是注重中华民族悠久文化传承与现代人文关怀相容，强调历史文化和现代文化的亲密结合，要体现出东方大国的风采和力量。

第四，新型城镇化是实现人的全面发展，建设包容性、和谐式城镇，体现农业转移人口有序市民化和公共服务协调发展，致力于和谐社会和幸福中国的城镇化。它包含四层内容：一是城镇化的本质是为了实现人的全面发展，而不是为了城镇化而城镇化；二是建设包容性城镇，强调城镇不同主体发展权利的同质均等性；三是农业转移人口有序市民化和公共服务协调发展，突出破解城乡二元体制；四是建设和谐式城镇，更注重城镇化的社会管理和服务创新，致力于和谐社会和幸福中国城镇化的奋斗愿景。

第二节 传统城镇化进程中的农地流转

改革开放以来,在政府主导和市场推动双重作用下,我国城镇化进程明显提速,取得了显著成效。然而,在传统城镇化进程中,我国户籍制度、社会保障制度和土地利用制度的改革进展缓慢,进城农民难以融入城市,农村人口向城市大量流动却难以有效地、稳定地减少依赖土地的农业人口,影响了农地流转和农业的现代化进程。

一、农村社会保障体系不健全,影响农地流转

长期以来,土地成为我国农民赖以生存的物质基础,是农民最基本的生活保障。在覆盖城乡的新的社会保障制度形成之前,耕地仍然被大多数农民当作生活最有力的保障。因此,失去农地即面临失去最基本生活保障的巨大风险,这也成为农民流转农地的后顾之忧。实践中,尽管我国正在积极推进城乡社会保障一体化建设,但城乡二元户籍政策和二元经济结构使得农村的社会保障项目较少,起点较低。有关调查显示,占总人口 20% 的城市居民却享受着 89% 的社会保障,而占总人口 80% 的农民享受的社会保障仅占 11%。无论在社会保障项目上还是在各项保障资金支付水平上,农村与城镇仍然存在很大差距,远不能满足农民的生活需要,严重影响农民流转农地的积极性。[①]

二、土地承包经营权不完善,影响农地流转

土地承包经营权事关农村社会稳定和粮食生产安全,所以国家对其进行了严格的控制,致使土地利用中的公权渗透和物权伸张产生了效力冲突。我国土地承包经营权正沿着渐进的轨道逐步变革,但是在是否允许转让和转让受到何种程度的限制方面进退失据、左右为难。[②]

如果国家允许土地承包经营权不受限制地转让,可能产生以下后

---

① 孔东菊:《户籍改革背景下农村耕地流转:问题与应对——以安徽省为例》,载《华南农业大学学报(社会科学版)》,2013(1)。
② 温世扬、武亦文:《土地承包经营权转让刍议》,载《浙江社会科学》,2009(2)。

果。其一，土地作为生存保障手段的丧失。在我国，土地不仅仅是生产资料，而且具有社会保障功能，因为农民的生老病死主要依赖土地。一旦国家允许土地承包经营权随意流转，农民离开了土地，社会又不能为农民提供保障，将会使农民丧失基本的生活保障。其二，土地兼并盛行，流民威胁社会稳定。在我国这样一个拥有庞大农业人口的农业大国，如果国家允许土地承包经营权随意转让，势必导致历史上农村两极分化重演，出现大批无地或少地农民的社会现象。其三，耕地流失，不利于粮食安全。农村土地承包经营权随意流转，将导致大量农地转化为商业开发用地，不利于国计民生和我国自给自足的粮食安全战略。

如果国家禁止或过多限制土地承包经营权的转让，则面临大量机会成本的付出。其一，一项财产的可转让性差，会显著地降低其价值。国家在保护农民生存利益的同时，可能走向减弱农民抗风险能力的一面。其二，不利于物尽其用，不利于提高土地利用效率。在传统或其他制度禁止处置产权的地方，如在禁止出售产权的地方，产权被束缚于一个既有的所有者，而其他人尽管具备更好的知识和技能可能对该财产定价更高，却不能对该财产进行更好利用。土地的细碎化也会降低经济效率，增加生产成本。其三，阻碍农民的身份转换，拖累城市化进程。禁止或严格限制土地承包经营权的转让，将使农民欲成为城市居民必须放弃土地承包经营权，而不能保留权利或将财产权利变现，客观上促成农民转换身份的消极性，影响城市化步伐。

这些现实之中的困局使得土地承包经营权转让的法律规制少有进展，多采用模糊或回避的处理方式，表现为法律规则之间的内在冲突，归结起来，主要有：①既希望承包土地使用权流转，又限制承包土地使用权流转；②既以切实保障农民的基本生存权作为制度的基本价值目标，但又出台了一系列以承包土地使用权物权性质为基础，否定这一价值目标的政策规定；③既以农民的生存保障为基础构建农村土地利用权利制度，但又不完全遵从社会保障的基本法律规则；④既规定"减人不减地"，又规定丧失成员权资格应当收回承包土地；⑤既规定承包土地使用权可以流转，同时又规定承包土地使用权禁止抵押。这些制度都对土地承包经营权的现实可转让性带来了极大的障碍。

第三节　新型城镇化与农地流转的耦合分析

一、农地流转助推新型城镇化的发展

（一）农地流转有助于提高土地利用效率，降低新型城镇化进程中耕地保护的压力

随着源于家庭联产承包责任制的农村土地细碎化现象日益突出，加之农户分散居住与农民分散经营，当前农村土地资源管理混乱。同时，随着农村剩余劳动力大规模转移，农村"空巢化"现象日益突出，大量耕地被撂荒，农户宅基地利用效率低下，这些均反映出目前我国农村土地资源使用中存在大量浪费、粗放发展的弊端。将农村大量闲散甚至撂荒的土地资源从农户手中合理流转出来，改变以往的小农生产方式，进行集中规模化的建设或生产，将有效提升现有土地资源的利用率，降低新型城镇化进程中耕地保护的压力。[①]

（二）农地流转有助于实现农业的产业化经营，改善农村生态环境

目前国内绝大多数农村仍沿袭传统小农经济发展模式，农户生产低效，加上农药化肥的不规范使用，已在一定程度上破坏和影响了耕地的肥力和质量。此外，农村缺乏合理规划的房屋建设，破坏了农村生态环境。据此，将农村混乱不合理的土地资源合理流转集中，进行科学、合理地规划和论证，因地制宜发展优势产业，进行适度规模化高效生产，将带动农业现代化和新型工业化发展，并大大改善农村生态环境。这也体现出新型城镇化推进中所要求的"四化同步"、合理布局、集约高效及绿色低碳的发展方式。

（三）农地流转有助于推进农村剩余劳动力向城镇转移，助推新型城镇化进程

农村土地是农民安家立命的保障，这一传统观念深深烙在农民意识之中。近年来，虽然不少农村青壮年进城务工，但他们无论从事何种非农产

[①] 马冬：《基于新型城镇化视角下的土地流转问题研究》，载《广西财经学院学报》，2014，27（2）。

业工作也始终没有改变农民身份,没有离开家乡农地,不仅导致农地资源利用率低下,更束缚了农村劳动力转移,而且限制了城镇人口集聚和经济发展。若能将相关土地进行合理集中流转,一方面,能够解放农民"家中还有地"的思想束缚,使其完全从农村解放出来,继而全身心投入城镇化建设,大大促进城镇基础设施建设及第三产业发展;另一方面,意味着农户将通过放弃土地经营权而获得相当可观的土地增值性收益,这部分资金也将利于转移到城镇的劳动力获取新的职业技能,进而更快融入城市,也就体现出新型城镇化的核心是"人的城镇化",要实现人的无差异发展。

二、新型城镇化促进和规范新一轮农地流转

(一)新型城镇化将进一步减少农业从业人员,并有助于实现农村进城人口的完全城镇化,促进农地流转

根据《国家新型城镇化规划(2014—2020年)》,到2020年,我国常住人口城镇化率达到60%左右,户籍人口城镇化率达到45%左右,户籍人口城镇化率与常住人口城镇化率的差距缩小2个百分点左右,努力实现1亿左右农业转移人口和其他常住人口在城镇落户。根据《山东省新型城镇化规划(2014—2020年)》,到2020年,山东省常住人口城镇化率达到62%左右,户籍人口城镇化率达到52%左右;努力实现700万左右农业转移人口在城镇落户,促进1000万左右城中村居民完全市民化;将进一步有效减少农业从业人员,促进农地流转,提高农地规模经营水平。

(二)通过社会保障、户籍制度等方面的制度创新,弱化耕地的社会保障功能,消除进城农民的后顾之忧,促进农地流转

根据《国家新型城镇化规划(2014—2020年)》,各类城镇将健全农业转移人口落户制度,根据综合承载能力和发展潜力,以就业年限、居住年限、城镇社会保险参保年限等为基准条件,因地制宜制定具体的农业转移人口落户标准,并向全社会公布,引导农业转移人口在城镇落户的预期和选择,逐步破解进城农民在城镇落户难的制度障碍。同时,各类城镇将按照保障基本、循序渐进的原则,积极推进城镇基本公共服务由主要对本地户籍人口提供向对常住人口提供转变,逐步解决在城镇就业居住但未落户的农业转移人口享有城镇基本公共服务的问题,包括扩大社会保障覆盖面、建立公共就业创业服务体系、使

随迁子女平等享有受教育权利、改善基本医疗卫生条件等，这些制度层面的创新有助于消除进城农民流转耕地的后顾之忧。

（三）通过改革农村土地制度，规范农地流转

土地确权是土地得以有效合理流转的基础与前提。土地财产主体不明晰导致农村土地资源大量浪费和利用率低下，无法实现合理流动和优化配置，因此对农地资源主体加以确认显得格外重要。《国家新型城镇化规划（2014—2020年）》指出，全面完成农村土地确权登记颁证工作，依法维护农民土地承包经营权；在坚持和完善最严格的耕地保护制度的前提下，赋予农民对承包地占有、使用、收益、流转及承包经营权抵押、担保权能。2016年，中共中央办公厅、国务院办公厅印发《关于完善农村土地所有权承包权经营权分置办法的意见》，将土地承包经营权分为承包权和经营权，实行所有权、承包权、经营权三权分置，坚持集体所有权，稳定家庭承包权，放活农地经营权，这是继家庭联产承包责任制后农村改革的又一重大制度创新。目前，农村集体土地承包经营权的确权登记工作正在有序推进，农民逐步成为农地流转的权利主体，土地成为农民的法定资产，为农民充分行使土地承包权和经营权，依法有序流转土地提供了政策保障。

（四）新型城镇化和农业现代化相互协调，有助于提高农地流转的规模化水平和现代化水平

李克强总理在2013年"两会"上表示，新型城镇化必须和农业现代化相辅相成，要保住耕地红线，保障粮食安全，保护农民利益。《国家新型城镇化规划（2014—2020年）》提出，创新农业经营方式，坚持家庭经营在农业中的基础性地位，推进家庭经营、集体经营、合作经营、企业经营等共同发展；鼓励经营权在公开市场上向专业大户、家庭农场、农民合作社、农业企业流转，发展多种形式规模经营；鼓励和引导工商资本到农村发展适合企业化经营的现代种养业，向农业输入现代生产要素和经营模式；加快构建公益性服务与经营性服务相结合、专项服务与综合服务相协调的新型农业社会化服务体系。这些措施将有助于提高农地流转的规模化水平和现代化水平。

第四节　新型城镇化与农地流转的耦合案例

山东省是农业大省，是全国重要的粮食产区、全国最大的"菜篮子"基地和著名的温带水果之乡。近几年来，在各级政府的引导下，山东省农地流转发展迅速，流转速度明显加快，流转规模明显扩大。在分析新型城镇化与农地流转耦合理论的基础上，下文借助耦合协调度模型探索山东省新型城镇化与农地流转的耦合关系，并结合实地调研，以山东省滕州市的西岗镇为例，进一步剖析新型城镇化与农地流转的耦合模式。

一、山东省新型城镇化与农地流转的耦合协调度分析

（一）模型构建

耦合作为物理学概念，是指两个（或两个以上）系统或运动形式通过各种相互作用而彼此影响的现象，是各子系统之间，或一个子系统与其他子系统的组成要素之间相互依赖、相互协调、相互促进的动态关联关系。耦合度则是衡量各系统之间相互影响的强弱程度的度量。本文的耦合协调模型由耦合度模型和协调度模型两部分组成。

1. 耦合度模型

运用物理学的耦合模型，在参考其他学者构建的劳动力流动与农地流转[1]、旅游产业与城镇化[2]、城镇化与生态环境[3]耦合模型的基础上，本文采用如下模型：

$$C_i = \{(u_{1i} \times u_{2i})/(u_{1i} + u_{2i})^2\}^{1/2}$$

C_i 为新型城镇化与农地流转的耦合度，u_{1i} 表示第 i 年新型城镇化评价综合得分，u_{2i} 表示第 i 年农地流转率。其中，$C \in [0, 1]$。当 $C=$

---

[1] 侯明利：《劳动力流动与农地流转的耦合协调研究》，载《暨南学报（哲学社会科学版）》，2013（10）。

[2] 沈国俊、朱洪兴、崔佳：《旅游产业与城镇化耦合协调发展实证研究——以黄山市为例》，载《农村经济与科技》，2014，25（9）。

[3] 侯培、杨庆媛、何建等：《城镇化与生态环境发展耦合协调度评价研究——以重庆市38个区县为例》，载《西南师范大学学报（自然科学版）》，2014，39（2）。

0时，耦合度最小，说明新型城镇化与农地流转系统或要素处于无关状态且发展方向无序；当 $C=1$ 时，耦合度最大，说明系统或要素达到良性共振且趋向有序发展。根据新型城镇化与农地流转的耦合的强弱程度，耦合过程可划分为四个阶段：当 $C\in[0, 0.3]$ 时，新型城镇化与农地流转处于低水平耦合阶段，两者水平都比较低；当 $C\in(0.3, 0.5]$ 时，新型城镇化与农地流转耦合处于颉颃时期；当 $C\in(0.5, 0.8]$ 时，新型城镇化与农地流转的耦合进入磨合阶段，两者开始良性耦合；当 $C\in(0.8, 1]$ 时，新型城镇化与农地流转都达到一个合适的水平，两者相互促进、相互影响，处于高水平耦合阶段。具体耦合阶段和耦合强度分类如表3-3所示。

表 3-3　新型城镇化与农地流转耦合阶段和耦合强度分类

耦合值	$0\leqslant C\leqslant 0.3$	$0.3<C\leqslant 0.5$	$0.5<C\leqslant 1.0$	
			$0.5<C\leqslant 0.8$	$0.8<C\leqslant 1.0$
耦合阶段	低水平耦合阶段	颉颃阶段	磨合阶段	高水平耦合阶段
耦合强度	低强度耦合	中强度耦合	高强度耦合	

2. 协调度模型

协调度用来衡量新型城镇化与农地流转彼此之间的和谐程度。新型城镇化的发展吸引农村劳动力进城务工，促进了农地流转；农地流转使得农村剩余劳动力流向城市，促进了新型城镇化的发展。协调度模型能够更准确全面地反映两者之间的协调程度。协调度模型公式为：

$$D_i = (C_i \times T_i)^{1/2}, 其中 T_i = (u_{1i} + u_{2i})/2$$

式中，D_i 为第 i 年的新型城镇化与农地流转的协调度，C_i 为第 i 年两者的耦合度，T_i 为第 i 年两者的综合协调指数。协调度 $D\in[0, 1]$。根据数值的不同，协调度划分为以下四个类型：当 $D\in[0, 0.3]$ 时，为低度协调的耦合；当 $D\in(0.3, 0.5]$ 时，为中度协调的耦合；$D\in(0.5, 0.8]$ 时，为高度协调的耦合；当 $D\in(0.8, 1]$ 时，为极度协调的耦合。

（二）指标选取与数据来源

1. 指标体系的构建

传统的城镇化强调人口由农村向城市的迁移，片面追求城市规模的扩大和空间的扩张，以及单纯的GDP和地方财政的增长，是以物为本的观念。而新型城镇化则树立以人为本的基本理念，强调城镇功能的完善提升、人们生活水平的提高、产业结构的调整与优化以及生态环境的优化和可持续发展。①

新型城镇化评价指标体系的选取应充分体现"新型"的特征，根据科学性、完整性、独立性以及数据的可获取性的原则，构建一个含有 8 个子系统、20 类要素、32 个基本变量的较为完整的新型城镇化评价指标体系，如表 3-4 所示。

表 3-4　新型城镇化评价指标体系

目标层	子系统层 B	要素层 C	指标层 D	指标属性
新型城镇化	人口城镇化 B_1	城镇人口规模 C_1	城镇人口比例 D_1	正向指标
		城镇人口密度 C_2	城镇人口密度（人/平方千米）D_2	正向指标
		非农人口就业 C_3	二、三产业就业人员比例 D_3	正向指标
		城镇人口素质 C_4	每 10 万人中大专及以上教育程度人口数量（人）D_4	正向指标
	经济城镇化 B_2	经济发展水平 C_5	人均 GDP（元）D_5	正向指标
		产业结构发展水平 C_6	二、三产业占 GDP 比例 D_6	正向指标
		财政收入水平 C_7	人均财政收入（元）D_7	正向指标
	社会城镇化 B_3	医疗 C_8	每千人拥有卫生技术人员数量（人）D_8	正向指标
			每千人拥有医院和卫生院床位（个）D_9	正向指标
		教育 C_9	教育经费占财政支出比例 D_{10}	正向指标
			人均教育经费（元）D_{11}	正向指标
			0~14 岁儿童每万人拥有初等教育教学人员数量（人）D_{12}	正向指标
			每 10 万人口拥有在校大学生数量（人）D_{13}	正向指标

---

① 新玉言：《新型城镇化理论发展与前景透析》，41~48 页，北京，国家行政学院出版社，2013。

续表

目标层	子系统层B	要素层C	指标层D	指标属性
新型城镇化	社会城镇化B_3	生活质量C_{10}	城镇居民人均可支配收入（元）D_{14}	正向指标
			城镇居民食品以外支出所占比例D_{15}	正向指标
	空间城镇化B_4	城镇覆盖度C_{11}	建成区所占比例D_{16}	正向指标
		人均城镇化地域C_{12}	人均拥有建成区面积（平方米）D_{17}	正向指标
		人均城镇道路C_{13}	人均拥有城镇道路面积（平方米）D_{18}	正向指标
	生态环境城镇化B_5	城镇生态基础C_{14}	建成区绿化覆盖率D_{19}	正向指标
		城镇环境保护C_{15}	污水年处理量（万吨）D_{20}	正向指标
			生活垃圾清运量（万吨）D_{21}	正向指标
	生活方式城镇化B_6	城镇生活设施普及率C_{16}	路灯盏数（盏）D_{22}	正向指标
			出租车汽车数（辆）D_{23}	正向指标
			城市用水普及率D_{24}	正向指标
			城市用气普及率D_{25}	正向指标
		城镇居民消费观念普及率C_{17}	人均公园绿地面积（平方米）D_{26}	正向指标
			住宿业营业额（亿元）D_{27}	正向指标
			餐饮业营业额（亿元）D_{28}	正向指标
	城乡统筹B_7	城乡协调C_{18}	城乡人均可支配收入比D_{29}	负向指标
			城乡人均消费水平比D_{30}	负向指标
	创新与研发B_8	创新人才C_{19}	普通高等教育专任教师数量（人）D_{31}	正向指标
			每万人拥有申请专利授权数量（件）D_{32}	正向指标

2. 评价方法与步骤

采用熵值法的赋权方法综合评价新型城镇化各指标的权重并得出各个年份的综合得分。首先进行指标的标准化：

由于各指标代表着不同的性质和内涵，相互之间不具有可比性，所以在同一评价体系中评价时为了消除量纲对计算结果的影响，评价主体必须对指标进行标准化处理。评价指标存在正向指标和负向指标的差别：正向指标的指标值越大对系统越有利，负向指标的指标值越小对系统越有利。测算的步骤如下：

首先采用极差标准化方法进行数据的标准化，计算公式如下：

正向指标：$x'_{ij} = (x_{ij} - \min x_j) / (\max x_j - \min x_j)$

逆向指标：$x'_{ij} = (\max x_{ij} - x_{ij}) / (\max x_{ij} - \min x_{ij})$

由于原始数据标准化后存在零值，而熵值法需要进行对数运算，因此将标准化后的数值正向平移1个单位：

$$x''_{ij} = x'_{ij} + 1$$

根据平移后的数据，计算第 j 项指标 i 城市指标值的比重：

$$p_{ij} = \frac{x''_{ij}}{\sum_{i=1}^{n} x''_{ij}} (i=1,2,\cdots,n; j=1,2,\cdots,m)$$

计算第 j 项指标的熵值和差异系数，关于 j 项指标，熵值越小，指标的差异越大，对评价结果的影响越大。熵值计算公式如下：

$$e_j = -k \sum_{i=1}^{n} p_{ij} \ln(p_{ij}) \quad 其中 k>0, k=1/\ln(n), e_j \geqslant 0$$

差异系数的计算公式为：

$$g_j = 1 - e_j$$

最后，得出评价指标 j 的权重：

$$w_j = \frac{g_j}{\sum_{j=1}^{m} g_j} (1 \leqslant j \leqslant m)$$

在熵值法求出权重的基础上，利用综合加权法计算新型城镇化的综合得分，公式如下：

$$s_i = \sum_{j=1}^{m} w_j x_{ij} (i=1,2,\cdots,n)$$

3. 数据来源

研究以山东省 2010—2013 年的数据为基础。原始数据来源于 2010—2013 年山东省统计局编制的《山东省统计年鉴》。

4. 评价指标权重的确立

通过整理山东省 2010—2013 年各个评价指标的数据，根据熵值法对数据进行处理计算，得出各评价指标的权重以及各要素层、子系统的权重，如表 3-5 所示。再根据最后的综合加权法，计算得到山东省 2010—2013 年各年份新型城镇化的综合得分。

表 3-5　新型城镇化评价指标体系及权重

目标层	子系统层	权重	要素层	权重	指标层	权重
新型城镇化	人口城镇化	0.1449	城镇人口规模	0.0655	城镇人口比例	0.0655
			城镇人口密度	0.0295	城镇人口密度（人/平方千米）	0.0295
			非农人口就业	0.0271	二、三产业就业人员比例	0.0271
			城镇人口素质	0.0228	每 10 万人中大专及以上教育程度人口数量（人）	0.0228
	经济城镇化	0.0746	经济发展水平	0.0260	人均 GDP（元）	0.0260
			产业结构发展水平	0.0224	二、三产业占 GDP 比例	0.0224
			财政收入水平	0.0262	人均财政收入（元）	0.0262

续表

目标层	子系统层	权重	要素层	权重	指标层	权重
新型城镇化	社会城镇化	0.2576	医疗	0.0596	每千人拥有卫生技术人员数量（人）	0.0311
					每千人拥有医院和卫生院床位（个）	0.0285
			教育	0.1277	教育经费占财政支出比例	0.0231
					人均教育经费（元）	0.0252
					0~14岁儿童每万人拥有初等教育教学人员数量（人）	0.0295
					每10万人口拥有在校大学生数量（人）	0.0499
			生活质量	0.0703	城镇居民人均可支配收入（元）	0.0276
					城镇居民食品以外支出所占比例	0.0427
	空间城镇化	0.1048	城镇覆盖度	0.0319	建成区所占比例	0.0319
			人均城镇化地域	0.0478	人均拥有建成区面积（平方米）	0.0478
			人均城镇道路	0.0251	人均拥有城镇道路面积（平方米）	0.0251
	生态环境城镇化	0.1165	城镇生态基础	0.0476	建成区绿化覆盖率	0.0476
			城镇环境保护	0.0689	污水年处理量（万吨）	0.0235
					生活垃圾清运量（万吨）	0.0454

续表

目标层	子系统层	权重	要素层	权重	指标层	权重
新型城镇化	生活方式城镇化	0.2000	城镇生活设施普及率	0.0995	路灯盏数（盏）	0.0287
					出租车汽车数（辆）	0.0235
					城市用水普及率	0.0235
					城市用气普及率	0.0238
			城镇居民休闲普及率	0.1005	人均公园绿地面积（平方米）	0.0358
					住宿业营业额（亿元）	0.0261
					餐饮业营业额（亿元）	0.0386
	城乡统筹	0.0461	城乡协调	0.0461	城乡人均可支配收入比	0.0232
					城乡人均消费水平比	0.0229
	创新与研发	0.0552	创新人才	0.0552	普通高等教育专任教师数量（人）	0.0255
					每万人拥有申请专利授权数量（件）	0.0297

5. 实证分析结果

利用耦合度和协调度模型，结合分析整理的相关指标和数据，分别计算出新型城镇化与农地流转的耦合度、协调度，如表 3-6 所示。从耦合度指标来看，2010—2013 年新型城镇化与农地流转的耦合度为 0.3674～0.4991，表明这两个系统的耦合度处于颉颃阶段，属于中强度耦合。从协调度指标来看，2010 年，新型城镇化与农地流转的协调度仅为 0.1908，处于低度协调阶段，2011—2013 年两者的协调度从 0.3033 上升到 0.4469，尽管协调度仅处于中度协调阶段，但两者的协调度表现出不断上升的趋势。

表 3-6　新型城镇化与农地流转的耦合协调度发展评价

年份	耦合度 C_i	耦合阶段	耦合强度	协调度 D_i	协调度评价
2010	0.4991	颉颃阶段	中强度耦合	0.1908	低度协调
2011	0.4150	颉颃阶段	中强度耦合	0.3033	中度协调
2012	0.3810	颉颃阶段	中强度耦合	0.3675	中度协调
2013	0.3674	颉颃阶段	中强度耦合	0.4469	中度协调

（三）农地流转与新型城镇化的耦合关系空间差异分析

通过上述对山东省 2010—2013 年农地流转与新型城镇化的耦合关系分析，项目组初步刻画了山东省农地流转与新型城镇化的耦合特点，在此基础上，从地市的层面，从空间的角度，分析 2013 年山东省 17 地市农地流转与新型城镇化的耦合协调关系。

以 2014 年山东省 17 地市的统计年鉴为基础，以山东省 17 地市为评价对象，收集、整理与新型城镇化评价体系相关的评价指标，项目组分别测度了山东省 17 地市 2013 年的新型城镇化水平，如表 3-7 所示。

表 3-7　山东省 17 地市 2013 年新型城镇化综合得分

城市	济南市	青岛市	淄博市	枣庄市	东营市	烟台市	潍坊市	济宁市	泰安市
综合得分	0.7021	0.7989	0.5130	0.2217	0.3992	0.5057	0.4271	0.3082	0.2706

城市	威海市	日照市	莱芜市	临汾市	德州市	聊城市	滨州市	菏泽市	
综合得分	0.4464	0.2295	0.2758	0.3482	0.2784	0.1455	0.2651	0.1324	

依照前述的研究模型，项目组分别计算了 17 地市 2013 年农地流转与新型城镇化的耦合度和协调度，如表 3-8 所示。从空间尺度看，山东省各地市新型城镇化的程度差异较大：青岛市新型城镇化程度最高，达到 0.7989；菏泽市最低，为 0.1324。青岛市、济南市、淄博市、烟台市凭借其优越的地理位置、雄厚的经济发展基础，新型城镇化水平较高，都在 0.5 以上；聊城、菏泽两市经济基础较为薄弱，工业化程度不高，新型城镇化水平位于全省最低水平，都在 0.2 以下。莱芜市的农地流转率最高，为 31.89％；菏泽市的最低，为 9.34％。从耦合度的大小可以看出，山东省 17 地市农地流转与新型城镇化处于

颉颃阶段，且耦合度介于 0.35~0.50，均处中强度耦合水平。由此可以看出，农地流转与新型城镇化有着密切的联系。从协调度的大小可以看出，山东省 17 地市除日照市、聊城市、菏泽市的协调程度属于低度协调外，其余各市均为中度协调。

根据分析可知，新型城镇化程度高的地区如青岛市、济南市、淄博市、烟台市、威海市、东营市，经济发展水平高，地理条件好，基础设施相对完善，因此农地流转率与新型城镇化水平相互影响的程度应较高，耦合度也应很高。但现实状况并非如此，新型城镇化水平高的地区的耦合度反而较低，主要原因是新型城镇化水平高，使得一些耕地被用于非农用途，影响了农地流转，使耦合度也受到影响。

山东省 17 地市农地流转与新型城镇化的耦合度和协调度在空间上并不具备一一对应的关系。课题组在对 17 地市的农地流转率、新型城镇化综合测度水平、耦合度、协调度分别排序时发现，协调度与新型城镇化排名较为接近。青岛市、济南市、淄博市、威海市、东营市的耦合度相对较低，而协调度却相对较高，属于农地流转滞后型，主要原因是农地流转依然没有发展起来，农地流转与新型城镇化仍处于失调状态，因此提高农地流转率仍然处于关键地位。

表 3-8　山东省 17 地市 2013 年农地流转与新型城镇化的耦合协调度发展评价

地市	耦合度 C_i	耦合阶段	耦合强度	协调度 D_i	协调度评价
济南市	0.4091	颉颃阶段	中强度耦合	0.4270	中度协调
青岛市	0.4102	颉颃阶段	中强度耦合	0.4566	中度协调
淄博市	0.4517	颉颃阶段	中强度耦合	0.4027	中度协调
枣庄市	0.4981	颉颃阶段	中强度耦合	0.3477	中度协调
东营市	0.4585	颉颃阶段	中强度耦合	0.3617	中度协调
烟台市	0.3747	颉颃阶段	中强度耦合	0.3376	中度协调
潍坊市	0.4852	颉颃阶段	中强度耦合	0.4085	中度协调
济宁市	0.4892	颉颃阶段	中强度耦合	0.3535	中度协调
泰安市	0.4965	颉颃阶段	中强度耦合	0.3467	中度协调
威海市	0.4689	颉颃阶段	中强度耦合	0.3942	中度协调

续表

地市	耦合度 C_i	耦合阶段	耦合强度	协调度 D_i	协调度评价
日照市	0.4794	颉颃阶段	中强度耦合	0.2928	低度协调
莱芜市	0.4987	颉颃阶段	中强度耦合	0.3851	中度协调
临沂市	0.4700	颉颃阶段	中强度耦合	0.3493	中度协调
德州市	0.4978	颉颃阶段	中强度耦合	0.3560	中度协调
聊城市	0.4999	颉颃阶段	中强度耦合	0.2722	低度协调
滨州市	0.4763	颉颃阶段	中强度耦合	0.3111	中度协调
菏泽市	0.4925	颉颃阶段	中强度耦合	0.2358	低度协调

二、"整体流转，整体搬迁"——西岗镇农地流转与新型城镇化的耦合实践

西岗镇位于山东省枣庄市滕州市西南部，西邻微山湖，地势较为平坦，面积为79.8平方千米，共有72个村居，有13.9万人。滕州市东连沂蒙山区，西接微山湖，南邻苏淮平原，北依孔孟圣地曲阜和邹城，地处山东、江苏、河南、安徽四省交界的淮海经济区中心位置。

西岗镇位处矿区，镇内有蒋庄、柴里、郭庄、曹庄四座中大型国有煤矿，二、三产业较为发达，是知名的经济强镇；2012年被列入省级示范镇，在2013年和2014年省级示范镇考核中取得第3名和第4名的好成绩；2015年年初，与滕州市一起被列入全省新型城镇化综合试点单位。

西岗镇坚持以新型城镇化引领工业现代化、农业现代化"三化统筹"发展，大力推进农地流转，积极开展小城镇化建设。农地流转与新型城镇化互相促进，相得益彰，构建了"整体流转，整体搬迁"的耦合模式，树立了农地流转与小城镇化耦合发展的典范案例。截至2016年年底，西岗镇全镇累计流转农地4.2万亩①，占全部家庭承包经营土地总面积的68.3%；25个村实现了整建制流转，发展农民专业合作社、家庭农场、种植大户116家；全镇70.0%的耕地实现了规模种植。目前，该

---

① 1亩≈666.67平方米。

镇 11 个村庄搬到了镇驻地社区，2.7 万农民变身为市民，城镇人口达到 9.5 万人，人口城镇化率达到 68.3%。西岗镇计划再用 2~3 年时间，完成全部 19 个村的搬迁整合，使城镇人口达到 10 万人。①

（一）大力推进农地流转，推动农民非农化

只有让农民真正从土地上解放出来，才能提高他们搬迁进城的主动性和积极性。围绕这一思路，西岗镇积极做好解放农民、富裕农民的文章，依托农地流转交易平台，按照"依法、自愿、有偿"的原则，积极推动农地有序流转。西岗镇通过大力推进农地流转，使农民不用种地就能享受土地增值的红利。他们进镇经商、进厂务工，多渠道增加了收入，激发了主动进城的愿望。

西岗镇是政府服务农地流转的诞生地。2006 年，西岗镇在全国率先建立了农村土地流转服务中心，2008 年将其规范完善为农村产权交易所。由于二、三产业发达，西岗镇许多农民进入矿区和企业工作，加之在小农户经营下，较高的生产成本造成高投入、低产出，导致土地大面积闲置。而种植企业、农民专业合作社、种植大户有着强烈的规模种植愿望。在此背景下，西岗镇成立了全国首个农村土地流转服务中心，为农地流转的顺利推行奠定了坚实的基础。西岗镇农村产权交易所在农地流转的整个过程中起到服务和监督的功能。交易所下联村级农地流转服务站和农户，上达市级农村土地流转服务中心，是农地流转政策在农村贯彻执行的关键环节。在每月的固定时间，各村农地流转信息员（一般由村会计兼任）上报各村农地流转供需信息，通过镇级农地流转平台，无偿对外发布，对协商后前来签订流转合同的转出方、受让方无偿提供合同文本，无偿帮助指导合同签订，并对农地流转双方的合同履行情况定期进行监督，对土地用途进行监控，确保流转双方的合法权益。

西岗镇在农地流转实践中，形成了以下几种典型模式。

1. 村整建制托管的模式

该模式以村为单位，将各家的农地流转给专业合作社或大型的家庭农

---

① 资料来源：西岗镇人民政府。

场统一托管，由合作社统一供种、统一供肥、统一耕种、统一浇水、统一施肥、统一收割，实现了规模化和机械化生产。目前西岗镇已有 25 个村实现了整建制流转。村民可以外出打工，也可以在合作社干活，还有稳定的农地流转金，所以农民的收入水平显著提高。2013 年，西岗镇农民人均纯收入大约为 14566 元，比山东省农村居民纯收入高出 3946 元。

2. 龙头企业＋政府＋农户的模式

由于种地收益较低，农民愿意将农地流转出去。龙头企业希望规模种植，但找不到集中连片的土地。在这种背景下，西岗镇政府牵头成立了农地流转服务中心。服务中心的电子屏幕上闪动着农地流转的信息，记录着土地位置、使用权人、土地面积、交易价格和出让年限等信息。如果企业需要其中的哪一块地，交易中心就负责积极联系双方进行流转。这样，在农地流转后，农民拥有了土地和外出打工的双重收入。流转的农地可以每年收入 1000 多元，同时农民到矿区或企业工作每月也有几千元的工资收入。而在农地流转之前，除了良种、农药、化肥、收割等成本，每亩最多只能剩下三五百元，其中还包括劳动力价格。

专栏 3-1　滕州市顺鑫源果蔬专业合作社

滕州市顺鑫源果蔬专业合作社位于西岗镇北孔庄村，创建于 2009 年 9 月，由种植能手孔令顺等 5 人发起，现有社员 316 名，有总出资额 1000 万元。出资方式由现金和土地、农机具折股两部分组成。社员现金入股 316 万元，人均 1000 元。合作社依照"民办、民管、民收益"的原则，采用统一种植规划、统一技术服务、统一生产经营、统一资金筹措、统一购销、统一质量标准的方式，执行规范的章程和管理制度。可分配盈余按照交易额的 70％ 返还给社员。合作社的生产资料实行统一购买，主产品实行统一销售，标准生产率达 100％。

绩效：①有利于农村劳动力的转移。合作社流转农地 2200 亩，形成种植、养殖、深加工一体的农业生产关系。流转农地的农民多在外打工，农忙时回来干农活。现在他们可以完全从土地中解放出来，有利于农村劳动力向城镇转移，从而促进城镇经济的发展。②有利于农民增收。合作社与省级农业龙头企业滕州市坤达食品有限公司签订厂前种植协议，和 20 家客户、4 家超市签订购销合同，并设立了顺鑫源合作社果蔬专营店。合作社总资产为1850万元，2011年经营收入为1961万元，利润为124万元，以交易额分红84万元。社员加入合作社后年收入比加入前增长70%以上；合作社社员人均收入比当地未参加合作社的农户高70%以上。③有利于节约生产成本，提高劳动效率。分散经营时，每亩地耕地、施肥、播种、除草、浇地、收割等的成本大约为900元。而集中经营后，整齐大片的土地便于机械化生产，便于集中购买生产资料，于是每亩地不仅可节约生产成本200多元，而且节约了劳动力。④有利于节约水资源，减少化肥、农药的使用，从而减轻对土壤的污染。一家一户的经营方式下，各户浇各户的水，各家施各家的肥，各家喷洒各家的农药。而集中经营后，水、肥、农药统一测土施肥，统一使用标准，减少了化肥、农药的使用量，减轻了对土壤的污染。

资料来源：项目组调研资料，2014年。

3. 土地股份（或多元股份）模式

农户以土地经营权入股（多元股份则是指以土地经营权、资金、集体资产等多元股份入股），组建农民合作社，其中每亩土地为一股（多元股份下每亩土地为一股，资金、集体资产等按照一定的比例折股）。合作社在外聘请或从内部产生专业技术人员或经营能手为生产经理，按照统一的生产技术规程和产品质量标准组织生产，实行种子、肥料、农药的统一购置，机耕、浇水和机收统管，可以直接与农产品加工企业或营销企业对接，实行按股分红，在确保保金的基础上，提取一定比例的公积金和风险金后，将利润按照土地股份分配到社员；需要临时用工时，在社员内部安排社员务工，增加社员收入。

专栏 3-2　滕州市富原粮食种植专业社

滕州市富原粮食种植专业社位于西岗镇半阁村南首，2009年注册登记，有注册资金561万元，现有社员116名。合作社吸纳土地、农机等入股，主要业务是组织采购，从而供应成员种植粮食所需的生产资料，组织收购、销售成员种植的粮食，为成员引进粮食新品种、种植新技术，为成员提供种粮技术培训、技术交流和咨询服务。合作社流转农地580余亩，种植粮食和蔬菜，辐射带动周边农户600户，

> 安排农村剩余劳动力150余人。2013年该合作社的经营收入为887万元，可分配盈余为57.6万元。合作社人均纯收入为1.9万元，比加入前增长32.2%，比当地未参加合作社的农民高36.7%，取得了明显的经济效益和社会效益。
>
> 合作社办公设施齐全，有管理人员21名，外聘各类技术人员5名，且内聘人员均为大家推荐的能力强、品行正、热心、群众基础好、影响力大的成员。此外，生产、加工等环节的临时雇员也基本是成员或成员家庭的妇、老、弱等人员，又给社员增加了一部分收入。
>
> 资料来源：项目组调研资料，2014年。

西岗镇农地流转不仅解决了农地撂荒问题，提高了农村土地的利用效率，缓解了耕地保护的压力，而且实现了农业的规模化、集约化经营。农地的集约经营提高了劳动生产率，使得农村剩余劳动力向城镇转移，助推了新型城镇化的进程，实现了农地流转与新型城镇化的良性耦合。

（二）加快新型城镇化建设，吸引村民变市民

农地流转助推了小城镇建设，促进了城镇化的快速发展；反过来，城镇化快速发展对农民进城务工的吸引力越来越大，有力推动了农地流转快速进行。西岗镇抢抓新型城镇化发展机遇，坚持以新型城镇化引领工业现代化、农业现代化"三化统筹"发展，按照"镇村一体、产城互动、港园融合"的城镇化思路，加强小城镇建设，拉动农村人口向城镇转移。

1. 做大小城镇，让农民进得来

西岗镇坚持规划先行，对城镇建成区进行高标准规划，把全镇集中规划为"一座中心城、三大组团社区"。该镇在主城区规划了9平方千米的居住区，9.5平方千米的工业园区，1.5平方千米的临港物流园区，形成了总面积为20平方千米的"一城一园一港"发展框架。中心城区建成后，将形成面积为220万平方米，聚集19个村居、3万人的大型农村社区。在此基础上，西岗镇坚持"以人为本"，科学组织村庄搬迁整合，推动人口向中心城镇集中。

专栏 3-3　西岗镇是怎样做好村庄搬迁文章的

村庄搬迁是"硬骨头",也是最大的难题。西岗镇按照"政府主导、村居主体、企业参与、市场运作"的搬迁模式,一方面坚持宣传为先,在干部入村前,就通过大范围的宣传引导,让群众了解和熟悉搬迁政策。干部入村后,组成群众工作组,挨家挨户宣讲政策、答疑解惑、算账对比,通过算清补偿经济账、环境质量账、生活前景账"三笔账",让群众看到实惠、消除误解、打消顾虑。另一方面,西岗镇坚持标准统一,对 19 个规划搬迁村居全部统一补偿标准,统一回迁价格,统一建设平台,在政策执行上,坚持一个政策讲到底、一把尺子量到底。同时,西岗镇坚持公平公正,将每一个环节、每一个步骤都及时公示,阳光操作,透明办事,让群众服气认可。在 2016 年的拆迁中,镇政府充分征求群众意见,将以往集中排队确定选房顺序号,调整为通过北斗卫星授时手表,精确认定腾空交房时间,确定选房顺序号,得到了群众的热烈响应。2011 年至今,西岗镇已经搬迁了 11 个村庄,回迁了 5 个村庄。搬迁过程基本实现了平稳、顺利、和谐;2016 年一年就搬迁了 5 个村、2200 户,拆迁面积达 38 万平方米。

资料来源:西岗镇人民政府。

2. 做强小城镇,让农民留得住

要留住居民,就必须做好就业文章,创造更好的就业环境、更多的就业岗位,让农民变成产业工人。西岗镇按照"产城互动、产城融合"的发展思路,立足资源优势,大力发展优势产业,推动进城农民转移就业。一方面,西岗镇做大产业基础,培植骨干企业,壮大"煤化工、精密铸造"两大支柱产业,发展新能源、新型建材、服装加工等多元优势产业集群。目前,该镇依托工业园区,吸引枣矿集团、马钢集团、沙钢集团等国内 500 强企业,建设了盛隆化工、盛源宏达、宏泰化工等 30 余家规模以上企业。至此,全镇矿企工人超过 6 万人。另一方面,西岗镇依托城镇载体,规划建设了 8 万平方米的"一条步行街、两座商贸城"。至此,全镇个体工商户达到 6100 家,物流车辆达到 2000 辆,服务业从业人员超过 2 万人。同时,该镇借助西邻微山湖的区位优势，推动建设了一座年吞吐量达 1600 万吨的铁水联运港口，并同步规划了 1.5 平方千米的临港物流园区。全部建成后，这里将成为集交易、配送、展览、仓储、流通加工为一体的百亿元综合性物流基地。这些办法，保障了农民进城"生活有保障、就业有门路"。

3. 做美小城镇，让农民主动进城

西岗镇做好环境文章，提升城镇品质品位，打造生态宜居城市，让农民住得舒心，乐不思村。①坚持生态环保理念，将中心城社区定位为休闲文化社区，作为一个 AAA 景区来打造。西岗镇已经启动建设了 500 亩神槐公园、100 亩人民公园，下一步将引水入城，贯通南北水域，建设 2000 亩柴里湿地文化园，打造宜居宜游的亲水城镇风貌。②高标准建设城镇基础配套设施。近年来，西岗镇累计投入 3 亿资金，实施了道路、供水、燃气、公交、垃圾处理、污水处理"六个城乡一体化"；高标准建设了"一站式"便民服务中心、九年一贯制中心学校、中心卫生院；运行了全省首家乡镇公共自行车系统，打造了"5 分钟服务圈"。西岗镇为镇村 10 万居民接通了城区大管网自来水，开通了城市公交，采用 BOT 模式建设了污水处理厂；每年拿出 600 万元，率先实现了镇村环卫市场化全覆盖；让燃气、有线电视、宽带入户率达到 100%；实施集中供暖工程，新建一处 3000 平方米的中心幼儿园新园，真正让农民过上便捷、舒适的城市生活；加强城镇管理，成立了 40 人的城镇管理办公室，设立了环卫所、市政所、园林所、综合执法办公室 4 个职能部门，打造了精细化、网格化的城镇管理格局。

第四章 山东省农地流转的发展现状分析

第一节 山东省农地流转的发展背景分析

一、山东省自然地理概况

山东省地处黄河下游,东临渤海、黄海,与朝鲜半岛、日本列岛隔海相望,西北与河北省接壤,西南与河南省交接,南与安徽省、江苏省毗邻。山东半岛与辽东半岛相对,环抱着渤海湾,海岸线长3000多米。山东省陆地总面积约为16万平方千米,约占全国总面积的1.7%。

山东省位于我国地势第三级阶梯上,中间高四周低,地貌类型多样。山东省地形以平原、丘陵为主。其中,平原、盆地约占全省总面积的63%,分为河谷平原、山前平原、湖沼平原、黄泛平原四大类型;山地、丘陵约占34%;河流、湖泊约占3%。根据地貌类型区域组合情况,全省可划分为鲁东低山丘陵区、鲁中南中低山丘陵区、鲁西北平原区三大地貌类型区。

山东省属于暖温带半湿润季风气候区,气候温和,四季分明。夏季盛行偏南风,降水较多,气候湿热;冬季受大陆性季风控制,盛行偏北风,寒冷干燥。全省年平均气温为13摄氏度,由东北沿海向西南内陆递增;胶东半岛、黄河三角洲地区年均气温为12摄氏度;鲁西南地区年均气温为14摄氏度。全省年均降水量为550~950毫米,由东南向西北递减。其中,鲁南、鲁东地区年降水量一般在800~900毫米,而鲁西北和黄河三角洲年降水量则在600毫米以下。全年降水季节分配不均衡，降水量的 60%～70% 集中于 6 月、7 月、8 月，易形成涝灾。9 月至 11 月降水量一般为 100～200 毫米，而 12 月至次年 2 月降水量仅为 15～50 毫米，3 月至 5 月降水量也在 100 毫米以下，因此冬、春及晚秋易发生旱象。全省自然灾害时有发生，其中以旱、涝、风、雹对农业生产的影响最大。

二、山东省经济社会发展概况

山东省是人口大省。2014 年年底，山东省常住人口达 9789 万人，占全国总人口的 7.2%。其中，城镇人口为 5385 万人，城镇化率达到 55.0%。全省人口密度为 627 人/平方千米。

山东省经济发展迅速。2014 年，全省经济运行总体平稳，全省国内生产总值（GDP）达 59426.6 亿元，占全国的 9.3%，按可比价格计算，比上年增长 8.7%。其中，第一产业增加值为 4798.4 亿元，增长 3.8%；第二产业增加值为 28788.1 亿元，增长 9.2%；第三产业增加值为 25840.1 亿元，增长 8.9%。产业结构优化调整，三次产业比例由上年的 8.3∶49.7∶42.0 调整为 8.1∶48.4∶43.5。人均 GDP 为 60879 元，增长 8.1%，按年均汇率折算为 9911 美元。

山东省居民生活质量稳定提升。2014 年，山东省居民人均可支配收入为 20864 元，比上年增长 9.8%，扣除价格因素实际增长 7.8%。城镇居民人均可支配收入为 29222 元，增长 8.7%，扣除价格因素实际增长 6.5%。城镇居民人均消费支出为 18323 元，增长 10.1%。城镇居民人均现住房建筑面积为 37.3 平方米，增加 0.9 平方米。农村居民人均可支配收入为 11882 元，增长 11.2%，扣除价格因素实际增长 9.6%。农村居民人均消费支出为 7962 元，增长 15.8%。农村居民人均现住房建筑面积为 40.2 平方米，增加 0.6 平方米。

山东省是农业大省，是全国重要的粮食产区，是全国最大的"菜篮子"基地和著名的温带水果之乡。2014 年年底，山东省农业总产值为 9198.3 亿元，其中农业为 4765.8 亿元，农业增加值为 2799.3 亿元，比上年增长 4.6%，增势平稳。2014 年，全省粮食总产量为 4596.9 万吨，比上年增长 1.5%，连续 12 年增产，占全国粮食总产量（60702.6 万吨）

的 7.6%。2014 年，农作物总播种面积为 11037922 公顷。其中，粮食作物播种面积为 7440033 公顷，棉花播种面积为 592900 公顷，蔬菜种植面积为 1862410 公顷，无公害产地认定面积为 1170000 公顷，绿色食品原料产地环境监测面积为 860000 公顷。"三品一标"（无公害农产品、绿色食品、有机农产品和农产品地理标志）产品共计 6169 个。国家级和省级水利风景区共计 250 处。农村生产条件持续改善。农机总值达 840.0 亿元，比上年增长 5.7%；农机总动力达 1.3 亿千瓦，增长 2.4%；农作物生产综合机械化水平达到 80.3%。

三、山东省土地利用概况

（一）土地利用结构

土地利用结构是指一个地区各种土地利用类型之间的比例关系，反映一定时期内的土地资源配置状况，是经济结构在土地利用上的表现方式。土地利用结构受自然地理因素的制约，同时又受到经济发展、科技水平等因素的影响。合理的土地利用结构能保持土地利用系统的良性循环。经济发展水平越高，土地资源配置越合理。

据表 4-1 可知，山东省农用地面积最大，为 11633666.67 公顷，占全省总面积的 74.53%。其中，耕地面积为 7620666.67 公顷，占农用地面积的 65.51%，占全省总面积的 48.82%。建设用地的总面积为 3098666.66 公顷，占全省总面积的 19.85%。其中，城乡建设用地面积最大，为 2305533.33 公顷，占建设用地面积的 74.40%，占全省总面积的 14.77%。未利用地面积为 878066.67 公顷，占全省总面积的 5.62%。各地类占全省总面积的比重由大到小排序依次为耕地、城乡建设用地、林地、其他农用地、未利用地、园地、水利设施用地、牧草地、交通运输用地。总体来看，城乡建设用地比重偏高，说明村庄整理有很大潜力；未利用地比重也偏高，有一定开发潜力。

表 4-1　2014 年山东省土地利用结构

土地类别		面积（公顷）	占各地类面积比重（%）	占全省土地总面积比重（%）
总计		15610400	100	100
农用地	合计	11633666.67	100	74.53
	耕地	7620666.67	65.51	48.82
	园地	724200.00	6.23	4.64
	林地	1494800.00	12.85	9.58
	牧草地	445266.67	3.83	2.85
	其他农用地	1348733.33	11.59	8.64
建设用地	合计	3098666.66	100	19.85
	城乡建设用地	2305533.33	74.40	14.77
	交通运输用地	208533.33	6.73	1.34
	水利设施用地	584600.00	18.87	3.74
未利用地		878066.67	100	5.62

（二）土地利用强度

土地利用是指人们根据一定目的对土地进行的改造和管理，包括对土地资源的开发、保护、整治等。土地利用强度是指人类对土地利用的广度和深度，下文主要从土地利用率、土地垦殖率、耕地复种指数等方面来阐述。

1. 土地利用率

土地利用率是指已利用土地占土地总面积的比重，从总体上反映土地利用广度。山东省已利用土地面积为 14340230.99 公顷，占土地总面积的 90.82%，高于全国平均水平。全省 17 地市的土地利用率由高到低依次为聊城市（98.71%）、菏泽市（97.08%）、德州市（96.56%）、日照市（94.39%）、临沂市（93.41%）、青岛市（92.95%）、泰安市（91.99%）、威海市（91.64%）、烟台市（91.50%）、枣庄市（91.38%）、潍坊市（90.73%）、淄博市（90.16%）、济南市（88.31%）、滨州市（87.42%）、济宁市

(85.82%)、莱芜市（82.90%）、东营市（68.12%）。

2. 土地垦殖率

土地垦殖率是指耕地面积占土地总面积的比例，也称垦殖系数。土地垦殖率反映种植业在土地利用中所占的比重，显示一定区域种植业的发达程度。2014 年，山东省耕地面积比重为 48.26%，远高于全国平均水平（11.70%）。土地垦殖率最高的是菏泽市（68.37%），最低的为东营市（27.05%）。菏泽市、聊城市、德州市位于山东省西部，自然条件优越，属于华北平原一部分，都是农业大市，因此土地垦殖率较高，位居前三位，但这也说明这些地区的土地后备资源已经很少了。东营市位于黄河三角洲地区，由于黄河泥沙淤积，每年会有新生陆地出现。该市的未利用地比重相对较高，垦殖率偏低。

3. 耕地复种指数

耕地复种指数是指一年内农作物播种面积与耕地面积之比，反映耕地利用程度。2014 年，山东省平均农作物复种指数为 144.84%，远高于全国平均水平（111.14%）。提高复种指数，推广间套作种植模式对增加产量、改善农田环境具有重要作用。复种不仅能提高耕地利用率，同时也延长了土地绿色覆盖时间，减少了水土和肥料流失。间套作的实施也有利于控制田间杂草，保护农田生态。山东省人多地少，因此，因地制宜提高部分地区的复种指数，有效利用土地资源和农业基础设施，是提高粮食产量和农民收入的重要途径。

第二节 山东省农地流转的现状特征

2008 年，中国共产党第十七届中央委员会第三次全体会议通过的《中共中央关于推进农村改革发展若干重大问题的决定》指出"按照依法自愿有偿原则，允许农民以转包、出租、互换、转让、股份合作等形式流转土地承包经营权，发展多种形式的适度规模经营。有条件的地方可以发展专业大户、家庭农场、农民专业合作社等规模经营主体"。此后，各级政府积极响应中央的号召，积极探索和建设农地流转市场。据农业部统计，2008 年当年，全国通过各种方式流转土地面积即达1.06亿亩，占全部家庭承包经营面积的8.7%，2009年年底达到13%左右。① 截至2012年年底，全国家庭承包耕地流转总面积达到2.78亿亩，比2011年年底增长22.1%，占家庭承包经营耕地面积的21.2%，比2011年提高3.5个百分点。从各省情况来看，耕地流转面积占承包耕地总面积的比重在25%以上的前10个省（市）分别是上海（60.1%）、江苏（48.2%）、北京（48.2%）、浙江（42.9%）、重庆（36.1%）、黑龙江（35.7%）、广东（28.9%）、河南（26.9%）、安徽（25.7%）、湖南（25.7%）。②

山东省作为农业大省，在发展现代农业的大背景下，在转变农村经营模式、加快农业适度规模经营、促进土地承包经营权流转等方面取得了显著成就。

一、山东省农地流转的主要形式

目前，山东省农村土地承包经营权流转主要有转包、出租、转让、入股、互换五种形式。

（一）转包

根据《农村土地承包经营权流转管理办法》，转包是指承包方将部分或全部土地承包经营权以一定期限转给同一集体经济组织的其他农户从事农业生产经营。转包后原土地承包关系不变，原承包方继续履行原土地承包合同规定的权利和义务。转包方主要是劳动力外出打工或经商的农户，由于务农劳动力不足，暂时无力经营但又不愿意放弃承包土地，便将承包的土地部分或全部转包给其他农户耕种。土地转包的情况多是双方私下相互协商确定的，有的是无偿的，有的或多或少收取一定的转让费或者粮食。

（二）出租

根据《农村土地承包经营权流转管理办法》，出租是指承包地农户

---

① 程冬民、周克任：《山东省农村土地流转现状与对策研究》，载《山东经济》，2011（4）。

② 《2012年农村土地承包经营及管理情况》，载《农村经营管理情况》，2013（10）。

将部分或全部土地承包经营权以一定期限租赁给他人从事农业生产经营。出租后原土地承包关系不变,原承包方继续履行原土地承包合同规定的权利和义务。一般农户将承包的土地出租或租赁给农村专业大户、家庭农场或农业产业化龙头企业等新型经营主体经营。土地出租一般签订书面合同。小规模的出租时间一般以3~5年居多,而大规模的出租时间有的长达十几年。出租费用有的以现金形式一次性或分期付给出租方,有的则以实物形式每年支付一定的粮食给出租户。

(三) 转让

根据《农村土地承包经营权流转管理办法》,转让是指承包方在有稳定的非农职业或者有稳定的收入来源的情况下,经承包方申请和发包方同意,将部分或全部土地承包经营权让渡给其他从事农业生产经营的农户,由其履行相应土地承包合同的权利和义务。转让后原土地承包关系自行终止,原承包方承包期内的土地承包经营权部分或全部灭失。

(四) 入股

根据《农村土地承包经营权流转管理办法》,入股是指实行家庭承包方式的承包方之间为发展农业经济,将土地承包经营权作为股权,自愿联合从事农业合作生产经营;其他承包方式的承包方将土地承包经营权量化为股权,入股组成股份公司或者合作社等,从事农业生产经营。随着农村改革的深化和农村土地股份合作社的发展,农民以土地入股的形式推动了农地流转规模经营。

(五) 互换

根据《农村土地承包经营权流转管理办法》,互换是指承包方之间为方便耕作或者各自需要,对属于同一集体经济组织的承包地块进行交换,同时交换相应的土地承包经营权。由于许多地方农户承包的土地比较分散、零碎,农户之间采取互相兑换、调整的办法,达到地块相对连片集中的目的,实现一定规模的生产经营。土地互换一般经双方协商或请中间人撮合达成协议。换地双方多数维持原承包关系,也有少数经双方协商制定兑换条件及补偿办法进行互换。

二、山东省农地流转的现状分析

基于省级层面的官方统计数据及部分典型的农户调查数据,下文从规模特征、形式构成、经营主体三方面对山东省农地流转的现状进行分析。

(一)规模特征

近几年来,在各级政府的引导下,山东省农地流转发展迅速,流转速度明显加快,流转规模明显扩大。截至 2013 年年底,山东省家庭承包经营的耕地面积为 9241.12 万亩,流转的家庭承包耕地总面积为 1616.71 万亩,占全省家庭承包经营耕地总面积的 17.50%,比 2012 年增加 462.87 万亩。

(二)形式构成

2013 年,山东省农地流转的形式主要有转包、出租、转让、入股、互换五种,还有委托代耕、土地托管、赠予等其他形式。

如图 4-1 所示,在流转的家庭承包耕地中,转包面积为 765.07 万亩,占流转总面积的 47.32%;出租面积为 564.58 万亩,占流转总面积的 34.92%;互换面积为 135.24 万亩,占流转总面积的 8.37%;入股面积为 67.98 万亩,占流转总面积的 4.20%;转让面积为 35.14 万亩,占流转总面积的 2.17%;其他形式的农地流转面积为 48.69 万亩,占流转总面积的 3.01%。

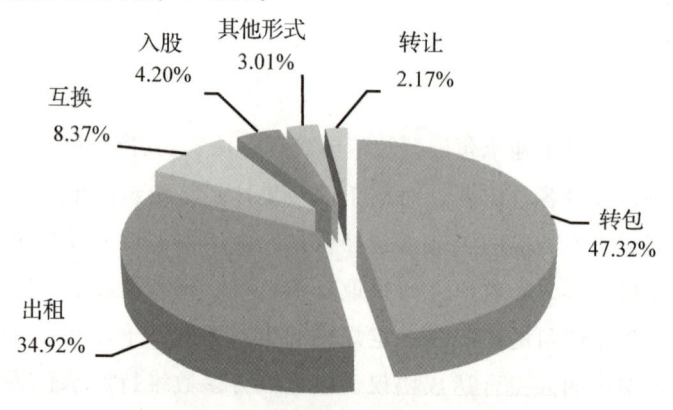

图 4-1 山东省农地流转的形式构成

（三）经营主体

随着农地流转规模的扩大，农业经营主体逐渐增多，已由单纯的农户作为经营主体转变为以农户为主，农民专业合作社、家庭农场、企业等形式的经营主体并存。山东省转出承包耕地的农户数达到336.17万户，占全省总农户数的15.21%。家庭承包经营耕地流转的去向有4个：流转入农户、流转入专业合作社、流转入企业、流转入其他主体。如图4-2所示，全省1616.71万亩的流转农地中，流转入农户800.95万亩，流转入专业合作社362.65万亩，流转入企业275.20万亩，流转入其他主体177.91万亩，分别占流转耕地面积的49.54%、22.43%、17.02%、11.01%。

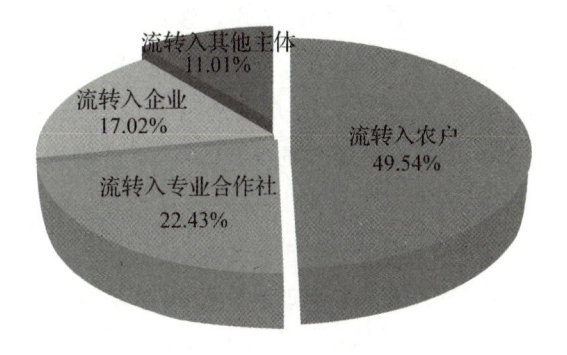

图 4-2　山东省农地流转去向结构

（四）基于典型农户调查的农地流转现状分析

作为对宏观统计数据的客观补充，项目组选择山东省29个县（市、区）64个村庄的186户农户开展了走访与问卷调查。调查数据显示，被调查农户中有转入土地的农户有28户，占受访农户数的15.05%；有转出土地的农户有26户，占受访农户数的13.98%。这与省级层面17.50%的农地流转率基本相当。

1. 转入情况

有转入土地的农户共涉及流转土地104.40亩。其中，通过转包和出租的方式进行农地流转的农户有11户，涉及土地57.20亩，占总转入面积的54.79%；通过委托代耕的流转方式进行农地流转的农户有13户，涉及土地38.60亩，占总转入面积的36.97%；通过转让的方式进行农地流转的农户有 2 户，涉及土地 5.00 亩，占总转入面积的 4.79%；通过赠予和交换的方式进行农地流转的农户较少，分别有 1 户，分别涉及土地 3.00 亩和 0.60 亩，分别占总转入面积的 2.87% 和 0.57%。

在有转入土地的农户中，17 户的土地转入来源为亲戚，8 户的土地来源为同村的其他人，2 户的土地来源为村外的个人，1 户的土地来源为村集体。在 28 户农户中，签订流转合同的有 4 户，占 14.29%。农地流转过程中，农户未出现过纠纷。

2. 转出情况

有转出土地的农户共涉及流转土地 66.25 亩。其中，通过转包和出租的方式进行农地流转的农户有 17 户，涉及土地 44.85 亩，占总转出面积的 67.70%；委托代耕的农户有 6 户，涉及土地 7.80 亩，占总转出面积的 11.77%；通过转让的方式进行农地流转的农户有 3 户，涉及土地 6.50 亩，占总转出面积的 9.81%；通过赠予和交换的流转方式进行农地流转的农户较少，分别有一户和两户，涉及土地 4 亩和 3.10 亩，分别占总转出面积的 6.04% 和 4.70%。

在有转出土地的农户中，9 户的转出对象为亲戚，13 户的转出对象为村内的其他人，两户的转出对象为村外的个人，两户的转出对象为村外人办的公司。在 26 户有转出土地的农户中，签订农地流转合同的农户有 6 户，占 23.08%。农地流转过程中，农户未发生过纠纷。

三、山东省农地流转的特点

（一）流转形式多样化

全省农地流转主要通过转包、出租、转让、互换、入股五种途径。项目组在问卷调查中发现，有些地区还存在委托代耕、赠予的流转方式。统计数据显示，截至 2013 年年底，以转包、出租、转让、互换、入股、方式流转的耕地分别占流转总面积的 47.32%、34.92%、8.37%、4.20%、2.17%。根据农户调查结果，被调查者中通过转包和出租、委托代耕、交换、赠予、转让进行流转的耕地分别占 59.80%、27.19%、4.10%、2.17% 和 6.74%。

（二）转包和出租是农地流转的主要方式

由于转包和出租的流转方式仅改变了耕地经营权，原土地承包权保持不变，这种形式的农地流转相对比较灵活，使农户愿意接受。统计数据显示，2011年山东省转包和出租的农地面积占到流转总面积的77.08%，2012年达到78.56%。截至2013年年底，山东省转包的农地面积占到全省农地流转面积的近一半，转包和出租的面积占到82.24%。

（三）农户是农地流转的主要去向

由于与本集体经济组织成员之间容易沟通，与流转给本集体外的企业相比，村民更愿意将农地流转给亲戚、邻居或关系较好的村民，尤其是当自己有能力耕种时较容易收回耕地，即村民之间的流转风险较小。因此，农户成了家庭承包耕地流转的主要去向。山东省流转的1616.71万亩家庭承包耕地中，流入农户的面积达800.95万亩，几乎占到家庭承包耕地流转面积的一半。

（四）流转的渠道多样化

山东省农地流转的实现形式包括农户间自发进行、基层政府及村级组织协调和通过土地流转机构办理。山东省2013年流转的1616.71万亩土地中，农户间自发进行的占39.91%，通过基层政府及村级组织协调的占29.83%，通过土地流转机构办理的占30.26%。

（五）农地流转存在区域差异

2013年，山东全省农地流转率为17.50%。如表4-2所示，17个地市中，土地承包经营权流转率最高的是莱芜市，达到31.89%；其次是枣庄市，达到26.39%；再次是潍坊市，为26.09%；菏泽市最低，为9.34%。

表4-2　2013年山东省各地市农地承包经营权流转数量

行政区域	家庭承包经营面积（万亩）	家庭承包经营农户数（户）	流转总面积（万亩）	流转率	排名
莱芜市	77.45	298300	24.70	31.89%	1
枣庄市	262.70	678824	69.31	26.39%	2
潍坊市	951.36	1807587	248.22	26.09%	3

续表

行政区域	家庭承包经营面积（万亩）	家庭承包经营农户数（户）	流转总面积（万亩）	流转率	排名
德州市	797.68	1134566	184.00	23.07%	4
青岛市	617.92	1055464	134.52	21.77%	5
威海市	214.21	531706	46.35	21.64%	6
泰安市	460.60	1173725	98.38	21.36%	7
淄博市	253.51	772874	51.98	20.50%	8
济宁市	766.55	1711593	155.33	20.26%	9
济南市	471.22	910558	89.26	18.94%	10
东营市	251.45	318011	43.14	17.16%	11
临沂市	947.91	2625665	162.21	17.11%	12
聊城市	727.46	1234725	109.75	15.09%	13
滨州市	551.01	769226	77.90	14.14%	14
日照市	226.92	661300	29.05	12.80%	15
烟台市	611.59	1308649	62.86	10.28%	16
菏泽市	1118.28	1934921	104.40	9.34%	17

注：流转率＝流转的家庭承包耕地总面积/家庭承包经营耕地总面积。

（六）地方政府支持农地流转的力度不断加大

根据统计数据，2013年山东省获得财政扶持资金的合作社数量达到1675个，且各级财政专项扶持资金总额达到16518.3万元。为了更深入地了解各地区在农地流转方面做出的努力，项目组成员走访了济宁市兖州区、邹城市、曲阜市及枣庄市的滕州市4个典型地区。调研发现，4个地区在农地流转方面都出台了相关的鼓励扶持政策，对较大规模的农地流转给予资金奖励。例如，滕州市出台了《滕州市推进农村土地适度规模经营的扶持政策》；市财政每年列支专项资金，对具有一定规模的转出方和转入方给予一次性奖励；市政府还设立了300万农村土地使用产权质押贷款风险补偿金,用于支付金融部门的风险补偿金和合作社短期还贷周转金。又如,曲阜市 2009 年下发了《关于全面推进农村土地承包经营权流转的实施意见》,要求市政府与各镇街都要列出专项资金用于农地流转工作,与农地流转相结合的涉农项目优先安排项目资金。曲阜市对农业主体功能区制定了鼓励农地流转政策,2011 年 8 月出台了《关于加快推进尼山镇有机蔬菜基地建设的实施意见》,规定连片一次性流转 500 亩以上的,每亩补助 100 元;连片一次性流转 1000 亩以上的,每亩补助 200 元;连片一次性流转 5000 亩以上的,每亩补助 300 元,连续补助 3 年。

四、山东省农地流转存在的主要问题

虽然山东省农地流转的发展势头良好,但流转过程仍然存在一些不容忽视的问题,主要体现在以下几个方面。

(一)流转行为不规范

山东省家庭承包耕地流转行为不规范,私下流转较多。虽然合同的签订率逐年升高,但合同化程度仍然较低。杨学成等通过 1995—2008 年对山东农户的三次调查发现,在租地合同方面,36%的当事人签订了书面合同,64%的当事人只有口头协议;在土地转包合同方面,只有 18.9%的当事人签订了书面合同,而高达 81.1%的当事人只有口头协议。[①] 而山东省农业厅的统计数据显示,山东省 2013 年签订耕地流转合同的耕地面积已达到 1035.24 万亩,占到了耕地流转总面积的 64.03%。合同的签订率仍然有待提高。此外,流转合同不规范现象存在:有的农地流转合同中的出租期长达 20 年甚至更久;有的甚至超过了第二轮土地延包的剩余期限,容易引发土地流转纠纷。

(二)非粮化倾向严重,有些地区出现非农化现象

流转后的承包地用于发展区域优势产业和种植花卉、园艺、林木等特色经济作物的现象较多。更有一些地区单纯追求经济效益,无限

[①] 杨学成、赵瑞莹、岳书铭:《农村土地关系思考——基于 1995—2008 年三次山东农户调查》,载《管理世界》,2008 (7)。

制地发展"农家乐"等休闲观光农业,在耕地上修水泥路、修葺房舍、建饭店、建简易宾馆、建设农业休闲园区,破坏了耕作层,违背了国家耕地保护的相关规定,违反了耕地、基本农田管制规则。据统计,2013年山东省流转农地用于种植粮食作物的面积为590.29万亩,仅占总的承包地流转面积的36.51%。

(三)流转纠纷事件较多

农户将自己的承包地流转出去后,由于受到粮食补贴等惠农政策的诱惑,以及在城镇生活成本的提高或找不到合适的工作,回乡终止农地流转合同,索要土地。而流入户不愿自动放弃承包地,往往引起纠纷。据统计,2013年山东省土地承包权流转纠纷956起,尽管数量不大,但仍需引起相关部门的重视,从而加强对农地流转行为的规范。

(四)集体流转"工作经费"违规,使用不透明

2001年中共中央《关于做好农户承包地使用权流转工作的通知》明确规定"流转的收益应归农户所有,任何组织和个人不得擅自截留、扣缴"。然而,部分村集体将本村(组)的土地集中起来统一流转给经营主体,获得一定的流转"工作经费",这些"工作经费"直接支付给了村集体。关于这笔经费如何使用,大多数村民都不知情。流转"工作经费"实际上就是变相截留土地的流转收益,与国家相关政策不相符,也容易引起村民的抵触情绪。

五、山东省农地流转与全国的比较

(一)总规模方面:农地流转呈燎原之势

刘同山等在对新时期农村基本经营制度的问题、对策及发展态势进行研究时指出,截至2012年年底,全国家庭承包耕地流转总面积达到2.7亿亩,比2007年年底增加了2亿多亩,6年间增加了3.22倍;流转面积占家庭承包经营耕地面积的比例达21.5%,比2007年提高了16.3个百分点,增幅显著。[①] 山东省2013年农地流转总面积为

---

① 刘同山、孔祥智:《新时期农村基本经营制度的问题、对策及发展态势》,载《农业经济与管理》,2013(5)。

1616.71万亩，比2008年的309.97万亩增加了4.22倍，与全国农地流转的发展势头相当。①

(二) 区域差异方面：经济发达地区农地流转比例相对较高

据农业部公布的数据，截至2012年年底，耕地流转面积占耕地承包面积比重较大的前10个省（市）分别是上海（60.1%）、江苏（48.2%）、北京（48.2%）、浙江（42.9%）、重庆（36.1%）、黑龙江（35.7%）、广东（28.9%）、河南（26.9%）、安徽（25.7%）、湖南（25.7%）。山东省与全国的流转趋势大致相同，即经济较发达的地区农地流转率较高，经济较落后的地区农地流转率较低。2013年，青岛市、潍坊市地区生产总值排名分别位于全省第一、第四位；它们的耕地流转率也比较高，分别排第五位和第三位。日照市和菏泽市的GDP、农地流转率排名都比较靠后。

(三) 经营主体方面：新型农业经营主体大量出现

截至2012年年底，全国有50亩耕地以上的种植专业大户276万户、家庭农场6670多个。5300万户农民依法登记成立农民专业合作社68.9多万个、农业龙头企业11万家。专业大户中的种粮大户和合作社中的粮食生产合作社，大大提高了我国农户的集约经营水平。2013年年底，山东省农民农村合作社的数量是93552个，比2010年增加了1.11倍；种粮大户（经营耕地50亩以上）的数量是3.6万户，比2011年增加了1.25倍；家庭农场大量出现，数量达12603个。

(四) 收益方面：山东省农地流转费用略高于全国平均水平

叶剑平等2008年对我国农村土地使用权的调查研究数据显示，转出土地现金补偿的中位数为296元/（亩·年），转入土地现金补偿的中位数为200元/（亩·年），两者的均值为248元/（亩·年）。② 根

---

① 武中哲、王洁：《山东省农地流转中农民意愿与政策导向》，载《科学与管理》，2011（6）。

② 叶剑平、丰雷、蒋妍等：《2008年中国农村土地使用权调查研究——17省份调查结果及政策建议》，载《管理世界》，2010（1）。

据杨学成等基于 1995—2008 年三次对山东农户调查的数据，农地转包费为 20 元～1400 元/（亩·年）不等，平均 261 元/（亩·年）；农地年地租额为 88 元～1000 元/亩不等，平均 377.6 元/亩；农地转让金一般为 200 元～500 元/（亩·年），与年农地转包费或年地租水平大致相当。由此看来，山东省农地流转收益略高于全国平均流转收益。[①]

第三节　山东省农地流转的演变态势分析

一、演变特征

（一）流转面积逐年扩大，流转速度明显加快

统计数据显示，近年来山东省农地流转规模呈快速扩大态势，见图 4-3。

山东省 2010 年农地流转总面积为 707.99 万亩，占家庭土地承包经营总面积的 7.74%；2011 年农地流转总面积达到 901.99 万亩，占家庭土地承包经营总面积的 9.84%；2012 年农地流转总面积达到 1153.84 万亩，占家庭土地承包经营总面积的 12.49%；2013 年农地流转总面积达到 1616.71 万亩，占家庭土地承包经营总面积的 17.49%。截至 2014 年 6 月底，全省农村土地流转面积达到 1808.20 万亩，占家庭土地承包经营面积的 19.6%。

山东省 2011 年农地流转面积比上年增长 27.40%，2012 年农地流转面积比上年增长 27.92%，2013 年农地流转面积比上年增长 40.11%，见图 4-4。

---

① 杨学成、赵瑞莹、岳书铭：《农村土地关系思考——基于 1995—2008 年三次山东农户调查》，载《管理世界》，2008（7）。

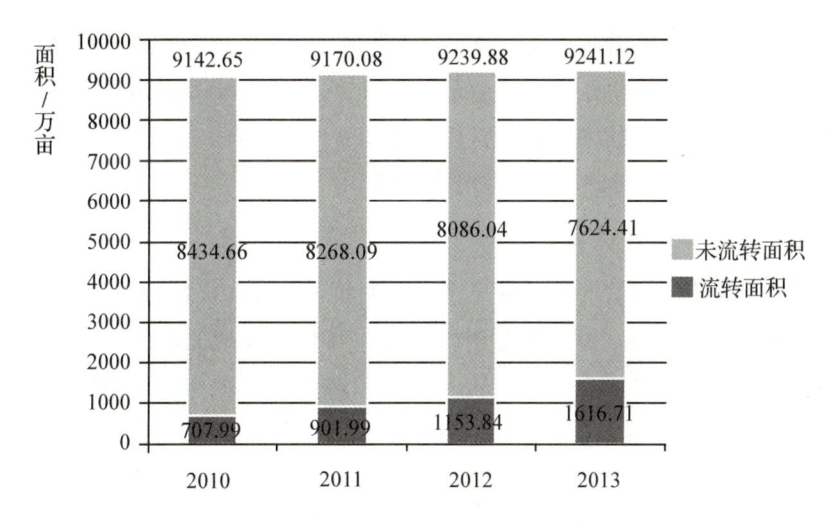

图 4-3　2010—2013 年山东省农地流转面积

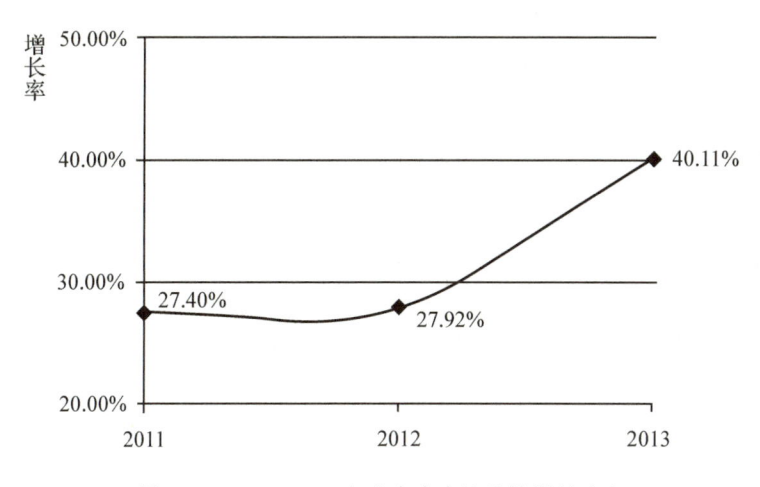

图 4-4　2011—2013 年山东省农地流转增长速度

(二) 农地规模经营逐渐实现

农地规模经营有利于提高机械利用率、劳动生产率和土地利用率，有利于提高农民的收入，是实现农业现代化的必由之路。山东省通过农地流转逐步增大了农地的经营规模：2013 年农地流转产生经营耕地 10~30 亩的农户数达到 155.8 万户；经营耕地 30~50 亩的农户数达到 13.7 万户，比上年增加 2.6%；经营耕地 50~100 亩的农户数达到 2.7 万户，比上年增加 35.6%；经营耕地 100~200 亩的农户数达到

0.6万户，比上年增加92.9%；经营耕地200亩以上的农户数达到0.3万户，比上年增加100%。截至2016年5月，县级市曲阜共注册家庭农场196家，其中土地经营面积为200~500亩的有12家，500~1000亩的有6家，1000亩以上的有3家。

（三）流转对象逐渐多元化

农地流转从初始的本村农户之间的流转，发展为逐步向家庭农场、合作社和企业流转。根据实地调研发现，滕州市农地流转的去向包括转入农户、转入农业合作社、转入企业和转入其他主体，分别占流转面积的42.11%、53.18%、1.54%和3.14%。曲阜市尼山镇为了打造区域产业优势，提升农业产业化经营水平，将土地集中连片流转给种植企业，用于发展有机蔬菜种植等区域特色产业。

（四）农地流转的收益逐年增加

由于流转方式由原来的委托代耕和互换逐渐转变为现在的转包、出租、转让等形式，农地流转的收益增加，同时支付方式也逐步由原来的支付粮食等实物向支付租金转变。问卷调查发现，农地流转过程中，货币支付的现象比较普遍。在通过转包和出租进行农地流转的农户中，86%的农户以现金的方式支付租金。项目组在济宁市兖州区大安镇后白楼村的农业种植专业合作社了解到，流转入合作社的农地价格为每亩1000斤[①]小麦的市场价格。货币化的租金促进了农产品的商品化，在一定程度上增加了农民的收入。

（五）农地流转逐渐趋于规范化

过去，由于农民外出打工期限不确定，为了方便，农地大多在本村邻居之间或亲戚之间自发流转，规模较小且不规范。农户之间基本采用口头约定的形式，没有签订正规的合同，更没有到政府有关部门登记备案，因而农地流转缺少法律保障，农户之间容易毁约进而产生纠纷。随着政府对农地流转的重视，各级农村经管部门加强流转合同管理和流转纠纷协调，有效促进了农地流转依法、规范、有序进行。2013年山东省

---

① 1斤=0.5千克。

农地流转合同签订率为78.3%，较2011年提高了6.5个百分点。

（六）农地流转的管理服务体系逐步完善

各地健全农村农地流转服务体系，建立农地流转管理信息化平台，为土地承包经营权流转提供信息发布、政策咨询、合同签订、价格形成等服务。根据山东省农业厅发布的山东省农地流转及家庭农场发展情况，截至2014年6月底，山东省有86个县（市、区）建立了农地流转服务市场，有1475个乡镇（街道）建立了流转服务中心，至此农地流转的管理服务体系初步建立。2006年，滕州市西岗镇在全国率先建立了农地流转服务中心，并将其规范和完善为农村产权交易所，设立产权交易大厅和土地承包纠纷调解庭，开设服务窗口，配备了电子显示屏，建立了西岗农地流转网站，及时发布产权交易信息，免费帮助交易双方进行土地价格评估、合同鉴定和归档管理。济宁市兖州区构建了区、镇、村三级农地流转服务平台，开展农地流转供求登记、流转信息发布、价格评估、合同签订、档案管理、纠纷调处、法规政策咨询等服务。服务平台的搭建，盘活了土地资本，推动了农业适度规模经营，推动了农地流转。

> **专栏4-1　滕州市西岗镇的农地流转服务中心**
>
> 2006年，西岗镇在全国率先建立了农地流转服务中心，2008年将其规范和完善为农村产权交易所。农村产权交易所设立了产权交易大厅和土地承包纠纷调解庭，开设了服务窗口，配备了电子显示屏，建立了西岗农地流转网站，及时发布产权交易信息，免费帮助交易双方进行土地价格评估、合同鉴定和归档管理。西岗镇依托产权交易所，培育和管理农村专业合作社，向加入合作社的农民发放农村土地使用产权证，作为农民办理抵押贷款的有效凭证。通过普及安全交易体系，强化服务监督，西岗镇完善了农村土地使用产权制度改革模式，推动了农业适度规模经营，解放了农村劳动力，盘活了土地资本，破解了合作社发展融资难的问题。截至2013年，全镇累计流转土地3.82万亩，占耕地总面积的60%；发展农村专业合作社73家，为5家试点合作社发放抵押贷款3680万元。
>
> 资料来源：项目组调研资料，2014年。

（七）政府对农地流转的重视程度提高

2008年以来，中央关于推动农地流转的文件密集出台。山东省各级政府积极响应中央号召，出台了相应的鼓励土地承包经营权流转的政策，促进土地承包经营权的流转。例如，山东省巨野县农机部门对开展农地流转的合作社在农机购置、保证技术支持、强化技术培训和解决资金困难四个环节给予政策优惠，并利用各种媒体进行广泛宣传，鼓励农民群众积极开展农地流转。① 山东省的17个地市中，有7个地市拿出专项资金对农地流转双方给予适当的补贴。项目组走访的4个县（市、区），均制定了关于农地流转的政策文件。其中，曲阜市人民政府出台《关于全面推进农村土地承包经营权流转的实施意见》，通过设立农地流转专项资金、落实信贷支持和贷款贴息、加大技术服务力度、实行用地政策倾斜、探索政策性农业保险等措施推进土地承包经营权流转。兖州区、滕州市还成立了区、镇级农地流转服务中心，推动农地流转。

二、驱动机制

（一）农业现代化排斥土地细碎化，助推了农地流转

在传统的承包地分配方式下，为了体现公平、减少矛盾，各地将耕地进行优劣分级后，按人头将耕地平均分给农民，保证了本集体内的每一个农户都拥有各个等级的土地，这导致整片耕地被分成很多小块以及每一户的耕地分散在不同的地块上。② 项目组通过问卷调查发现，在186户农户中，农户拥有地块数最多的是8块，平均每户拥有地块数为3.6块。农村土地细碎化严重，制约了农业规模经营的发展，主要表现如下：随着科学技术在农业领域的普及以及国家对大型农机的补贴政策的出台，机械化成为农业发展的趋势，集约化、规模化、高效化成为现代农业发展的重要方向，而细碎化的土地不利于大型机

---

① 资料来源：山东省农业信息网。
② 刘同山、孔祥智：《新时期农村基本经营制度的问题、对策及发展态势》，载《农业经济与管理》，2013（5）。

械作业。因此，打破目前各农户分散经营成为必然，这就为农地流转提供了客观需求。

（二）城镇化、工业化加速了农地流转

农业的比较收益较低，并且农业的自然风险和市场风险较大，导致农业与非农业生产率的差距相对悬殊。山东省非农业与农业的收益差距从2000年的5.57倍扩大到2013年的10.53倍。如表4-3与图4-5所示，2000年，山东省农业占全省地区总产值的份额为15.22%。到2013年，农业占全省地区总产值的份额下降到8.67%。农业收益的降低客观上激发了农地规模经营，助推了农地流转。

表4-3 2000—2013年山东省农业与非农业产值比较

年份	地区总产值（亿元）	农业产值（亿元）	非农业产值（亿元）	非农业/农业	农业占总产值比重
2000	8337.47	1268.57	7068.90	5.57	15.22%
2001	9195.04	1359.49	7835.55	5.76	14.79%
2002	10275.50	1390.00	8885.50	6.39	13.53%
2003	12078.15	1480.67	10597.48	7.16	12.26%
2004	15021.84	1778.45	13243.39	7.45	11.84%
2005	18366.87	1963.51	16403.36	8.35	10.69%
2006	21900.19	2138.90	19761.29	9.24	9.77%
2007	25776.91	2509.14	23267.77	9.27	9.73%
2008	30933.28	3002.65	27930.63	9.30	9.71%
2009	33896.65	3226.64	30670.01	9.51	9.52%
2010	39169.92	3588.28	35581.64	9.92	9.16%
2011	45361.85	3973.85	41388.00	10.42	8.76%
2012	50013.24	4281.70	45731.54	10.68	8.56%
2013	54684.33	4742.63	49941.70	10.53	8.67%

数据来源：《山东统计年鉴（2014年）》。

20世纪末以来，城乡壁垒被逐渐打破，农村城市化进程逐渐加快，农民的素质不断提高，大量的农村青壮年劳动力持续向收益更高的第二、第三产业转移。根据《山东省国民经济与社会发展统计公报（2009—2013 年)》，2009 年，山东省新增农村劳动力转移就业人数为 122.4 万人，到 2012 年新增人数达到 137.4 万人，见表 4-4。农村青壮年劳动力的流失，造成务农劳动力老龄化，使一部分地区出现耕地撂荒现象。农民对农地流转的需求日益强烈，使农地流转成为必然趋势。

表 4-4　2009—2013 年山东省新增农村劳动力转移就业人数

年份	2009	2010	2011	2012	2013
人数（万人）	122.4	129.4	135.9	137.4	133.3

数据来源：《山东省国民经济与社会发展统计公报（2009—2013 年)》。

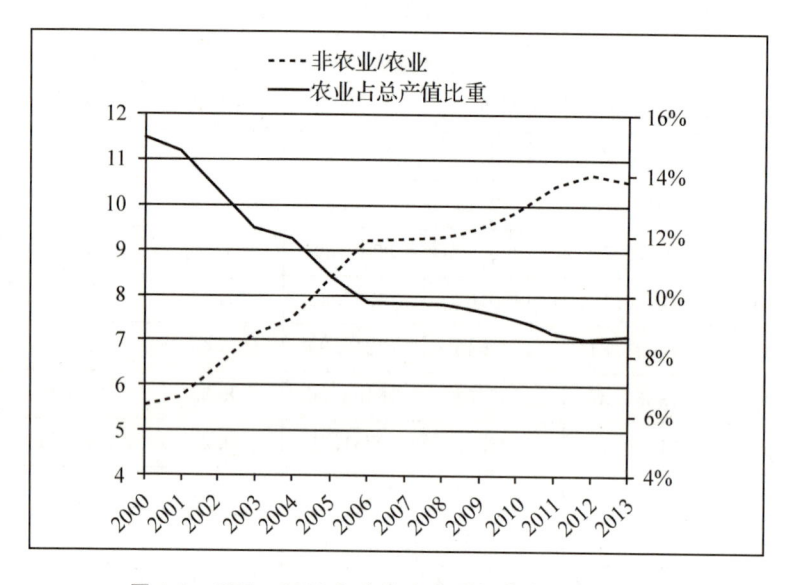

图 4-5　2000—2013 年山东省农业与非农业产值比较

（三）政府的支持和鼓励促进了农地流转

中央和地方各级政府对农地流转较为重视和支持，对流转大户进行补贴，并对专业大户的农业机械和农田基础配套设施给予资金支持，提供低息贷款，使得专业大户、家庭农场和农业合作社迅速兴起。

如表 4-5 所示，2013 年，山东省农民专业合作社有 93552 个，比 2012 年增加了 33.9%。部分县（市、区）根据实际情况，制定并出台了相关激励扶持政策。例如，滕州市从 2010 年起，每年列支 300 万元专项资金，对通过农地流转、集中连片经营的转出方和受让方给予一次性奖励，其中，对转出方按照每亩 100 元的标准给予一次性奖励。对于受让方，农地流转期限在 5 年以上，流转后不改变农地农业用途的，集中连片流转面积在 50 亩（含 50 亩）以上不足 100 亩的，按每亩 100 元的标准给予一次性奖励；规模经营面积在 100 亩（含 100 亩）以上不足 300 亩的，按每亩 200 元的标准给予一次性奖励；规模经营面积 300 亩（含 300 亩）以上的，按每亩 300 元的标准给予一次性奖励。[①] 兖州区农业局利用项目资金帮助种粮大户更新播种机械，对购买玉米单粒精播种机的农户按每台 2000 元的标准进行补贴，使得全区共推广单粒精播机械 200 台；对购买小麦宽幅播种机的农户，按每台 3600 元的标准进行补贴，使得全区共推广宽幅播种机械 150 台。

表 4-5　2010—2013 年山东省农民专业合作社数量

年份	2010	2011	2012	2013
数量（个）	44418	56278	69880	93552
比上年增加（%）	—	26.7	24.2	33.9

数据来源：山东省农业厅。

---

① 资料来源：滕州市人民政府《滕州市推进农村土地适度规模经营的扶持政策》（滕政发〔2009〕113 号）。

第五章 山东省农地流转的典型调查分析

本章选择山东省济宁市鱼台县作为案例区进行典型调查分析，通过分析农户的农地流转意愿、行为及其差异、原因等，从微观农户层面深入探究农地流转的障碍因素。

第一节 调查案例区及样本描述

一、调查案例区概况

（一）地理位置及自然环境

鱼台县位于山东省西南部，地处苏鲁皖三省交界处，东濒南四湖，南与江苏省丰县、沛县接壤，西邻金乡县，北依济宁任城区，辖9个镇、2个街道办事处、386个村民委员会、6个居民委员会。鱼台县属平原地区，地势西南较高，东北临湖区较低，平均海拔35米。鱼台县属淮河水系，境内有京杭运河、西支河、万福河等17条河流穿过，水资源丰富。县境处于暖温带季风区，大陆性明显，降水集中，气候温和，光照充足。优越的自然环境为农业生产提供了得天独厚的条件。鱼台县也因此成为"江北鱼米之乡"。

（二）社会经济状况

鱼台县是典型的农业县，粮食作物主要有水稻、小麦、玉米等，经济作物以大蒜、棉花、蔬菜等为主，形成了东部稻麦轮作区和西部蒜棉轮作区两大不同种植结构农业区。近些年来，农业产业化经营发展较为迅速，逐步发展起元葱种植、大蒜种植、食用菌种植、蛋鸭养殖、水产养殖等特色农业产业及王鲁大米市场、李阁元葱市场、鱼城大蒜市场、张黄鸭产品市场等农贸批发市场。

鱼台县工业基础薄弱，随着煤炭资源的开采，其经济才得到显著发展。到2013年年末，鱼台县共有一个省级经济开发区、两个工业园区，有鹿洼煤矿、湖西煤矿、军城煤矿三大煤矿，这些经济主体为鱼台县经济的快速发展提供了有力保障。

2013年鱼台县的经济稳中有进。地区生产总值达135.51亿元，按照可比价格计算，比上年增长12%；人均生产总值达30665元。产业结构进一步优化，三次产业产值比例由上年的24.0∶43.6∶32.4调整为22.2∶43.1∶34.7。城镇化水平进一步提高，2013年年末城镇化水平达到31.68%。经济增长方式不断转变，高新技术产业生产总值占规模以上工业产值的比重达到16.79%，比上年同期增加2.52个百分点。鱼台县的经济发展虽然取得了长足进步，但各项指标的绝对量同山东省的平均水平相比还有着很大差距。2013年，山东省人均生产总值为56323元，比鱼台县高出25668元。山东省三次产业的比例为8.7∶50.1∶41.2。其中，第一产业的比例远低于鱼台县第一产业的比例；第二、第三产业的比例又远高于鱼台县第二、第三产业的比例。山东省城镇化率达到53.75%，比鱼台县高出22.07个百分点。

综上所述，鱼台县仍是鲁西南地区典型的以农业为主的欠发达县域，是农地流转矛盾更为突出、农户农地流转意愿影响因素更为复杂的区域。因此，以鱼台县为典型区域研究农户农地流转意愿及其影响因素具有一定的代表性。

（三）土地利用结构

根据2013年鱼台县土地利用变更调查数据，全县土地总面积为65306.59公顷。其中，农用地为51552.92公顷，占土地总面积的78.93%；建设用地为10794.82公顷，占土地总面积的16.53%；未利用地为2958.85公顷，占土地总面积的4.54%，见表5-1和图5-1。

从农用地的内部结构来看，耕地面积为39897.60公顷，占农用地总面积的77.39%；园地为35.14公顷，占农用地总面积的0.07%；林地为856.65公顷，占农用地总面积的1.66%；其他农用地为10763.53公顷，占农用地总面积的20.88%。

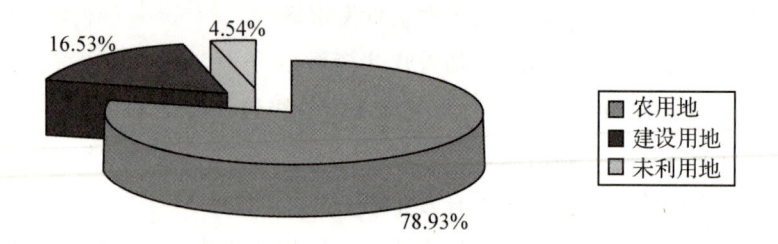

图 5-1　2013 年鱼台县土地利用类型结构

表 5-1　2013 年鱼台县土地利用状况

地类		面积（公顷）	比重（％）
农用地	耕地	39897.60	61.09
	园地	35.14	0.05
	林地	856.65	1.31
	其他农用地	10763.53	16.48
	合计	51552.92	78.93
建设用地		10794.82	16.53
未利用地		2958.85	4.54
合计		65306.59	100

数据来源：《2013 年鱼台县土地利用变更调查》。

本研究所指的农地流转主要是耕地的流转。园地、林地、草地及其他农用地的流转有一定的特殊性，且在鱼台县很少发生，故不在本研究的调查范围之内。山东省是我国东部的农业大省，而鱼台县作为山东省重要的农业县，需要在耕地保护、耕地集约利用、耕地规模经营等方面起到示范作用。鱼台县耕地面积占农用地总面积的 77.39％，占土地总面积的比例高达 61.09％；人均耕地面积为 0.085 公顷，比山东省人均 0.079 公顷高出 0.006 公顷。鱼台县地势平坦低洼，耕地连片集中分布且水利基础设施发达，有着耕地规模化、集约化经营的便利条件。

二、调查案例区农地流转的总体情况

近年来，鱼台县在继续稳定农村土地承包关系的前提下，积极创新农地流转模式，加强流转服务，建立流转市场，使农地流转呈现良好发展态势。2010年，《鱼台县人民政府关于积极推进全县农村土地承包经营权流转工作的意见》和《鱼台县委县政府关于积极开展农村土地承包经营权流转贷款工作的通知》的颁布，更促进了县农业局、县国土资源局牵头，县人民银行、县农村信用社联手推进，广大农户积极参与的流转局面的形成。

由表5-2可见，2009—2013年，鱼台县农村土地承包经营权流转面积及其占农户家庭承包耕地面积的比例都有了较大幅度的增加。截至2013年年底，鱼台县农村土地承包经营权流转共涉及81个村10015户，占全县土地承包经营总户数的10.70%；流转面积已达到4368.60公顷，比2009年的流转面积增加3275.27公顷；流转土地面积占农户家庭承包耕地面积的比例增加9.6个百分点。从近5年流转面积增加的速度来看，2009年、2010年流转面积增加的速度较为缓慢，从2011年起，由于促进农地流转具体政策的出台，流转速度开始明显加快。

表5-2 2009—2013年鱼台县农地流转面积

年份	2009	2010	2011	2012	2013
全县流转面积（公顷）	1093.33	1126.67	2596.93	3209.47	4368.60
占农户家庭承包耕地面积比（%）	3.3	3.4	7.7	9.5	12.9

数据来源：《2013年鱼台县土地流转调查》。

鱼台县因地制宜地选择农地流转的形式，形成了以出租、转包为主，以转让、入股、互换等形式为补充的农地流转格局。至2013年年底，鱼台县共流转土地4368.60公顷。以出租和转包形式流转的土地面积较大，分别为3274.87公顷和788.83公顷，分别占流转总面积的74.8%和18.0%。以转让、互换、入股形式流转的土地面积较小，分别为167.47公顷、101.53公顷和35.90公顷，分别占流转总面积的3.8%、2.3%和1.1%。

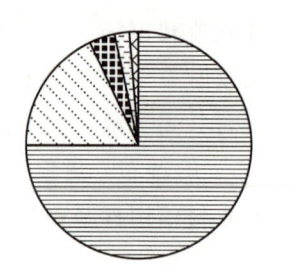

图 5-2　2013 年鱼台县农地流转形式及比例

三、调查样本的基本情况

（一）调查样本村概况

为了比较不同地理区位、不同种植结构条件下，农户的农地流转意愿及行为，本研究选取鱼台县的 6 镇 9 村作为样本调查地。样本村基本情况见表 5-3。

表 5-3　样本村概况

样本村	地理区位	种植结构	总人口（人）	总户数（户）	人均耕地面积（亩）	人均年收入（元）	距县城距离（千米）
唐马镇郑庄村	城乡接合部	稻麦轮作	815	201	1.34	8300	1
老砦镇后姚楼村	矿区附近	稻麦轮作	721	172	1.17	10920	12
张黄镇张集村	矿区附近临湖区	稻麦轮作	870	223	1.07	13600	15
张黄镇大翟村	临湖区	稻麦轮作	1550	370	1.48	12800	10
张黄镇丁闫村	一般区域	稻麦轮作	1060	254	1.3	12100	7

续表

样本村	地理区位	种植结构	总人口（人）	总户数（户）	人均耕地面积（亩）	人均年收入（元）	距县城距离（千米）
王庙镇西高村	一般区域	蒜棉轮作	1165	300	1.27	8160	12
李阁镇周庄村	一般区域	蒜棉轮作	536	136	1.63	9563	18
滨湖街道高庄村	临湖区	稻麦轮作	1404	324	1.20	11120	7
滨湖街道李集村	一般区域	稻麦轮作（以种植木耳为主）	1168	334	1.50	11080	6

数据来源：《鱼台县统计年鉴（2013年）》。

在地理区位方面，调查样本涵盖了城乡接合部、矿区附近、临湖区、一般区域等类型；在种植结构方面，调查样本包含了以种植粮食作物为主的农地区（东部稻麦轮作区）和以种植经济作物为主的农地区（西部蒜棉轮作区）。本研究综合选取了各种不同类型的区域，增强了调查样本村的典型性和代表性。

（二）调查样本农户概况

由于农户的文化水平整体偏低，甚至不识字，一些问题超出了他们的理解范围，故本次调研统一采取结构式访谈的方法，共访谈农户180户。问卷全部回收，经后期筛选，有效问卷共164份，有效回收率为91.11%，且问卷所收集到的信息具有较高的效度和信度。

从表5-4中可以看出，从户主年龄看，被调研农户中，41～60岁的壮年和中年最多，占了62.81%；40岁以下的青年户主数量最少，仅占10.98%。这一方面说明大多数青年农民的农业经营还依附于父母，另一方面说明青年农民外出打工的现象较为普遍。从户主文化水平看，初中及以下文化水平的有140人，占总样本数的85.36%；文盲占总样本数的12.80%；高中及以上文化水平的有24人，占总样本数的14.64%,其中大学及以上水平的仅有1人,这符合我国农村劳动力文化水平普遍较低的实际情况。

从家庭人口数量来看,3口之家、4口之家、5口之家占了大多数;两口之家的情况主要是老两口;大家族聚居的情况不多。

从家庭劳动力数量看(由于调研区域65岁以上的群体多数仍在从事生产劳动,本研究把劳动力年龄由传统的16~65岁调整为16~70岁),3~4人的家庭最多,占到调查总数的一半以上;家庭以农业为主的劳动力数量与以非农业为主的劳动力数量基本持平,这符合我国农村家庭年轻人多数务工、老年人多数务农的现状。

从家庭收入状况看,样本农户家庭总收入已达到较高的水平。其中,年收入在5万元以上的农户占样本总数的68.90%。但是人均年收入水平较低。其中,人均年收入在1.5万元以下的农户比例占了样本总数的47.60%;人均年收入在3万元以上的富裕农户仅占样本总数的14.03%。在当今农产品生产成本偏高、子女教育费用持续增长的背景下,低收入的农户担负着相当大的经济压力。在计算的农业收入、非农收入比例中,样本农户家庭农业收入占总收入的比重较低,以非农业收入为主的农户占总样本的比例高达75.00%,说明非农业收入已成为样本农户家庭总收入的重要组成部分,这从侧面反映出调研区域农户的兼业现象十分普遍。

表5-4 样本农户家庭概况

农户基本情况	选项	样本数(人/户)	比例(%)
户主年龄	40岁及以下	18	10.98
	41~50岁	43	26.22
	51~60岁	60	36.59
	60岁以上	43	26.21
户主文化水平	文盲	21	12.80
	小学	52	31.71
	初中	67	40.85
	高中或中专	23	14.02
	大学及以上	1	0.62

续表

农户基本情况	选项	样本数（人/户）	比例（%）
家庭人口数量	2 人以下	9	5.49
	3~4 人	61	37.19
	5~6 人	71	43.29
	6 人以上	23	14.03
家庭劳动力数量	2 人以下	27	16.46
	3~4 人	100	60.98
	5~6 人	31	18.90
	6 人以上	6	3.66
家庭以农业为主的劳动力比重	20% 及以下	17	10.37
	20.01%~49.99%	35	21.34
	50%	49	29.88
	50.01%~79.99%	34	20.73
	80% 及以上	29	17.68
家庭年总收入	2 万元以下	16	9.76
	2 万~5 万元	35	21.34
	5 万~8 万元	41	25.00
	8 万~12 万元	34	20.73
	12 万~15 万元	16	9.76
	15 万元以上	22	13.41
家庭人均年收入	1 万元以下	44	26.83
	1 万~2 万元	64	39.02
	2 万~3 万元	33	20.12
	3 万~5 万元	20	12.20
	5 万元以上	3	1.83
家庭农业收入比重	10% 及以下	38	23.17
	10.01%~50%	85	51.83
	50.01%~89.99%	15	9.15
	90% 及以上	26	15.85

从 9 个样本村的视角来看，户主性别、户主年龄、户主文化水平、家庭人口数量、家庭劳动力数量和家庭年总收入并没有显著差异，但家庭以农业为主的劳动力比重及家庭农业收入比重却有着明显差别。蒜棉轮作区的西高村、周庄村及以种植木耳为主的李集村的家庭以农业为主的劳动力比重高于 50％的户数占 3 村总样本户数的比例为 57.14％，远高于稻麦轮作区的 33.33％；3 村的家庭农业收入比例高于 50％的户数占 3 村总样本户数的比例为 51.43％，远高于稻麦轮作区的 17.81％。可见，以种植经济作物为主区域的农户农业劳动力数量与农业收入都远大于以种植粮食作物为主的区域。

被调研农户户均承包地面积为 5.31 亩。其中，承包地面积在 2.01～5.00 亩的农户占了样本总数的一半以上；37.19％的样本农户承包地面积在 5.01～12.00 亩；承包地面积在 2 亩以下及 12.01 亩以上的样本农户数量较少，占样本总数的比例分别为 4.27％和 2.44％。

在承包地块数方面，样本农户家庭户均承包 3.12 块土地，承包 1～4 块的样本比例达到 90％以上。其中，拥有 3 块承包地的样本农户最多，占样本总数的 65.24％。样本农户家庭块均土地面积为 1.80 亩。其中，块均土地面积在 1.01～2.00 亩的农户数量最多，占样本总数的 53.05％；块均土地面积在 1 亩及以下的农户仅占 18.29％。根据相关学者对农地细碎化的定性定量研究，从农户承包地块数和块均土地面积角度看，调研区域的农地细碎化问题相较于全国其他区域并不严重。

在实际经营面积方面，被调研农户对承包地的利用比较充分，不存在耕地撂荒的现象；大多数样本农户的实际经营面积与承包地面积相符，此类农户占比为 79.88％，表明被调研农户农地流转发生的概率较低，仅为 20.12％；家庭户均实际经营面积为 5.53 亩，比户均承包地面积多 0.22 亩，表明总体上样本农户的农地转入面积略大于农地转出面积；家庭实际经营规模普遍较小，实际经营面积在 10.00 亩以上的农户占比仅为 4.88％，最大实际经营面积为 14.20 亩，表明本次调研的对象全部为普通的个体农户，没有种粮大户等规模经营主体。

第二节 农户农地流转意愿分析

一、农户农地流转意愿统计结果

农户作为农地流转的主体，其流转意愿对于农地流转的最终实现起着根本作用。在我国人多地少的基本国情制约之下，土地不仅是农业生产必不可少的生产要素，也是农民就业、养老的重要依靠[①]，因此，农户不会轻易放弃土地。

由表 5-5 可看出，样本农户的农地流转意愿总体上较为强烈，仅有 23.17% 的农户没有流转意愿。有转入意愿的农户与有转出意愿的农户数量相差不大，有转入意愿的农户稍多一些。4.27% 的农户既有转入意愿又有转出意愿，这部分农户对农地流转并没有明确的态度，实质上是观望型农户，容易受外部环境的影响。也就是说，何种流转行为能给他们带来更大的利益，他们就会有何种流转意愿。

表 5-5 样本农户农地流转意愿统计

农户农地流转意愿	样本数（户）	比例（%）
既愿意转入又愿意转出	7	4.27
愿意转入，不愿意转出	64	39.02
愿意转出，不愿意转入	55	33.54
既不愿意转入，又不愿意转出	38	23.17

二、农户农地流转意愿影响因素的理论分析及预期

根据完全理性理论，农户的行为会以追求利润最大化为导向，即当农户从事农业生产的边际效益小于从事非农生产的边际效益时，他们就愿意转出农地。但在现实中，农户因整体文化水平偏低及获取信

[①] 贺书霞：《土地保障与农民社会保障建设的关联性》，载《农村经济》，2013（6）。

息的渠道不畅等，不能完全计算出自己进行农地流转的成本与收益，从而无法确定效益最大化的方案。此外，在我国现行的社会保障体系下，农地作为生产要素除了有经济功能外，还有社会保障功能。农户"守土为安"的思想根深蒂固。他们通常会把保留农地作为规避风险的最有效途径。因此，农户在农地流转过程中所追求的是经济利益、生存保障等多元目标。

由此可知，从农户这个微观经济主体来看，农户的农地流转意愿除了受到农地流转利益的影响外，还会受到风俗观念、社会保障状况、政策制度等多种因素的综合影响。具体来说，区域发展背景、农户的风险意识、农户的认知水平、家庭结构、家庭经济水平、资源禀赋等因素都与农户的农地流转意愿休戚相关。因此，本研究将影响农户农地流转意愿的因素分为以下几个方面：一是区域背景因素，包括区域经济发展水平和区域地理位置便捷度；二是家庭劳动力特征因素，包括户主年龄、户均文化水平、家庭外出务工劳动力比重；三是家庭经济特征因素，包括家庭非农业收入比重、农户类型、家庭人均年收入、家庭存款数量；四是资源禀赋因素，包括家庭承包地面积、家庭承包地块数、亩均种植纯收益；五是政策认知因素；六是生活感知因素，包括乐观程度和社会保障水平；七是其他因素，包括地权稳定状况和恋土情结。

(一) 区域背景

在经济发展水平越高的地区，农户的非农就业机会一般会越多，对土地的依赖程度相对越小，转出农地的可能性越大，转入农地的可能性越小。本研究用村人均GDP来表示区域经济发展水平。

在地理位置便捷度越高的地区，农户外出打工越方便，获得流转信息越便利，转出农地的概率越大，转入农地的概率越小。本研究用距县城距离表示村庄的地理位置便捷度。

(二) 家庭劳动力特征

户主年龄越大，一般思想越保守，对土地的依赖程度越强，因而不愿转出农地。同时，年龄较大的户主在劳动能力上会受到限制，也不愿转入农地。

户均文化水平对农户流转意愿的影响有两种可能：一种是户均文化水平越高，农户非农就业的能力越强，留在城市的机会越大，因此较愿意转出农地；另一种是文化水平较高的农户，在学习先进农业生产技术及掌握农产品供求信息方面有更大的优势，因而愿意转入农地。因此，户均文化水平这一指标对农户选择的影响难以事先确定。本研究用农户家庭参与劳动人口的平均受教育年限来表示户均文化水平。

家庭外出务工劳动力比重越大，农忙时能够帮忙的劳动力就会越少，因此这样的家庭往往愿意转出农地，而不愿转入农地。本研究把外出务工劳动力比重界定为在本县以外工作的劳动力占参与劳动的劳动力比重。

（三）家庭经济特征

以非农业为主要收入来源的家庭，对农地的依赖程度较低，有些家庭甚至完全摆脱了农地的束缚，因此，这些家庭更愿意转出农地，而不愿意转入农地。

本研究根据家庭农业收入比重，把样本农户分成纯农户、以农业收入为主的兼业农户、以非农业收入为主的兼业农户和纯非农户。其中，农业收入比重在10%及以下的为纯非农户，农业收入比重在10.01%~50%的为以非农业收入为主的兼业农户，农业收入比重在50.01%~89.99%的为以农业收入为主的兼业农户，农业收入比重在90%及以上的为纯农户。农业收入比重越大的农户，对农地的依赖程度越高，越愿意转入农地来进行规模经营，以获得更高的种植效益；相反，转出农地的意愿越弱。因此，一般来说，4类农户转入农地的意愿从强到弱排序为纯农户、以农业收入为主的兼业农户、以非农业收入为主的兼业农户、纯非农户；农地转出意愿则与之相反。

家庭人均年收入越高的农户，相对来说越满足当前的收入来源状况。以农业收入为主要来源的农户，会愿意转入农地来进行规模化经营，以获取更大的种植效益；以非农业收入为主要来源的农户，会愿意转出农地，使家庭有更多的人力和时间来从事非农业生产。

家庭存款越多的农户，其未来生活越有保障，对未来生活也越有信心，对农地的依赖程度相对越低，因而越愿意转出农地，而不愿意转入农地。

(四) 资源禀赋

家庭家庭承包地面积越大的农户，越容易推进规模化经营，获得规模经济效益，因此更愿意转入农地，而不愿转出农地。

家庭承包地块数是确定农地细碎化程度的一个重要指标。农地细碎化使农业生产规模效应大大降低。承包地块数多的农户，其农地细碎化程度较高，不易实现规模化经营，从而更愿意转出农地；承包地块数少的农户，容易对农地进行规模化经营，转入农地的可能性更大。

亩均种植纯收益是反映农业生产效益的重要指标，而农业生产效益又是影响农地流转的关键因素，决定了农户参与农地流转的积极性。亩均种植纯收益越高，农业生产的效益就越高，农户转入农地的可能性就越大，而转出农地的可能性就越小。

(五) 政策认知

农户的农地流转相关政策认知度常被研究者所忽视，但它实际上是影响农户流转意愿的一个非常重要的因素。从理论上来看，农户知道"农地可以依法流转"这一政策，会强化其流转意愿并促进其流转行为的发生。农户对农地流转政策的认知和农户流转意愿之间的影响是相互的：首先，农户通过某种渠道知道了农地流转这一政策，并对自己是否参与流转进行初步判定；其次，有初步流转意愿的农户会通过特定的途径熟悉农地流转政策，并知道了农地流转可以带来的效益；最后，农户通过对农地流转政策的熟悉进一步加强了自己的流转意愿。

与农地流转政策密切相关的农地产权政策对农户的流转意愿具有重要影响。加强农户对承包地所有权归属、增减、继承、抵押等农地产权政策的认知，会降低农户对农地流转后果的个人主观风险预期，会使农户认为农地流转不会有太大风险；农户如果不知晓农地产权政策，便会有农地转出后无法收回等顾虑，而不愿转出农地。因此，农户对农地流转相关政策的认知度越高，越愿意参与农地流转。

本研究设置了承包地所有权归属、承包地增减、承包地继承、承包地抵押、国家农地流转政策、地方农地流转政策和对农地流转政策的关注 7 个问题，用所赋虚拟值之和表示农户的农地流转相关政策认知度,具体过程:对于了解程度类的问题,选"很了解"的赋值3,"了解一点"的赋值2,"仅仅知道"的赋值1,"没听说过"的赋值0;对于知道与否类的问题,选"知道"的赋值1,"不知道"的赋值0;对于感觉倾向类的问题,选出正确答案的赋值1,"不知道"的赋值0,选择错误的赋值-1;最后求出虚拟值之和得出农户对农地流转相关政策的认知度。

(六)生活感知

农户对当前生活的乐观程度会对农户的流转意愿产生一定影响。一般来说,农户对当前生活越乐观,越不愿加重自己的负担,从而不愿意转入农地,而愿意转出农地。本研究用农户对当前农民生活改善状况的感知来表示农户对当前生活的乐观程度。

社会保障水平越高的农户,对农地保障功能的依赖程度越低,会更愿意转出农地,而不愿意转入农地。本研究用农户的新农合医疗保险、新农村养老保险和其他社会保险参保状况来反映农户的社会保障水平。具体方法:参加新农合医疗保险和其他社会保险的各赋虚拟值1,没参加的赋值0;参加新农村养老保险且缴纳高额度的赋值2,参加新农村养老保险且没多交钱的赋值1,没参加的赋值0;最后求出虚拟值之和来表示农户的社会保障水平。

(七)其他因素

调地次数越多,农户对农地投资的收益预期越低,对土地承包经营的信心就会降低,从而不愿意转入农地,而愿意转出农地。

农户恋土情结越严重,对土地的依赖程度就越高,转入农地的可能性越大,而转出农地的可能性越小。本研究用农户的宅基地退出意愿表示农户的恋土情结。

(八)农户农地流转意愿影响因素的结果预期

本研究根据对农户农地流转意愿影响因素的理论分析,预测各影响因素对农户流转意愿的作用方向,如表5-6所示。预期表中"+"表示该因素对农地流转有正向影响;"-"表示该因素对农地流转有负向影响;"?"表示该因素对农地流转的作用方向难以确定。

表 5-6 农户农地流转意愿影响因素的结果预期

影响因素	转入农地意愿	转出农地意愿
村人均 GDP	－	＋
距县城距离	＋	－
户主年龄	－	－
户均文化水平	?	?
家庭外出务工劳动力比重	－	＋
家庭非农业收入比重	－	＋
农户类型	－	＋
家庭人均年收入	＋	－
家庭存款数量	－	＋
家庭承包地面积	＋	－
家庭承包地块数	－	＋
亩均种植纯收益	＋	－
农地流转相关政策认知度	＋	＋
乐观程度	－	＋
社会保障水平	－－	＋
调地次数	－	＋
宅基地退出意愿	－	＋

三、农户农地流转意愿影响因素的定量分析

（一）模型选取

本研究的因变量为农户农地流转意愿，是二元离散型随机变量，不符合一般的正态分布，因此无法直接建立多元线性回归模型。

影响农户农地流转意愿的各因素之间是一种无序选择，即有愿意流转（转入或转出）或不愿意流转（转入或转出）两种选择。以这样的决策结果作为解释变量建立的模型称为二元选择模型。由于二元离散选择模型的被解释变量是非线性的，因此需将其转化为效用模型进

行评估。① Logistic 模型是一种对二分变量进行回归分析时常采用的非线性分类统计方法，该模型能对这类二值响应的因变量和分类变量进行回归建模，进而探讨影响概率、定性变量、二分变量的主要因子。② Logistic 模型没有对其变量进行假设或限制，不是用最小二乘法得出估计的参数，而是用最大概似估计法得出事件发生的概率。具体模型如下：

$$P = \frac{\text{Exp}(\beta_0 + \beta_1 x_1 + \beta_2 x_2 + \cdots + \beta_m x_m)}{1 + \text{Exp}(\beta_0 + \beta_1 x_1 + \beta_2 x_2 + \cdots + \beta_m x_m)}$$

式中，P 为愿意流转农地的概率。本研究设定农户愿意转入或转出农地时，P 为 1；农户不愿意转入或转出农地时，P 为 0。β_0 是常数值，表示自变量的值全部为 0 时，比数的自然对数值。x_m 是影响农户农地流转意愿的因素。β_m 是偏回归系数，表示 x_m 对 P 的影响程度。

(二) 变量的解释与赋值

本研究基于农户农地流转意愿的理论分析，确定模型的自变量。模型的自变量解释见表 5-7。

表 5-7　自变量解释说明

变量类别	变量名称	变量定义
区域背景	村人均 GDP（X_1）	用实际值（元）表示
	距县城距离（X_2）	用实际值（千米）表示
家庭劳动力特征	户主年龄（X_3）	用实际值（岁）表示
	户均文化水平（X_4）	用实际值（年）表示
	家庭外出务工劳动力比重（X_5）	家庭外出务工劳动力占全部劳动力比重

---

① 钟晓兰、李江涛、冯艳芬等：《农户认知视角下广东省农村土地流转意愿与流转行为研究》，载《资源科学》，2013，35 (10)。
② 何萍、张文秀：《城乡统筹试验区农户农地流转意愿研究——基于成都市 296 户农户调查》，载《资源与产业》，2010，12 (5)。

续表

变量类别	变量名称	变量定义
家庭经济特征	家庭非农业收入比重（X_6）	非农业收入占总收入比重
	农户类型（X_7）	纯农户＝1；以农业为主的兼业农户＝2；以非农业为主的兼业农户＝3；纯非农户＝4
	2013年家庭人均收入（X_8）	用实际值（元）表示
	家庭存款数量（X_9）	无＝1；1万元以下＝2；1万～2万元＝3；2万～5万元＝4；5万～10万元＝5；10万元以上＝6
资源禀赋	家庭承包地面积（X_{10}）	用实际值（亩）表示
	家庭承包地块数（X_{11}）	用实际值（块）表示
	亩均种植纯收益（X_{12}）	用实际值（元）表示
政策认知	农地流转相关政策认知度（X_{13}）	用所赋虚拟值之和表示
生活感知	您认为现在农民的生活是否得到了改善（X_{14}）	否＝0；是＝1
	社会保障水平（X_{15}）	用所赋虚拟值之和表示
地权稳定状况	1980年以来的调地次数（X_{16}）	用实际值（次）表示
恋土情结	您愿意退出宅基地，换回部分资金去城镇居住吗（X_{17}）	给多少钱都不愿意＝0；资金充足的情况下可以＝1；愿意＝2

（三）变量间的多重共线性检验

本研究选取了17个可能会影响农户农地流转意愿的自变量，这虽然较全面地考虑了影响农户农地流转意愿的各种因素，但容易出现变量之间的多重共线性问题，致使分析结果出现误差。因此，为了避免变量共线性对结果产生的影响，研究有必要对变量进行多重共线性检验。

用容忍度（tolerance）和方差膨胀因子（VIF）来检验变量的共线性。通常认为，容忍度小于 0.1 或方差膨胀因子大于 5，表明变量间存在较严重的多重共线性。用 SPSS18.0 中的共线性诊断分析得出，非农业收入比重（X_6）和农户类型（X_7）两个变量之间存在较严重的多重共线性。对于农民生活是否得到改善这个选项，农户全部选择"是"，这一自变量对因变量的影响没有可比性。因此，研究剔除农户类型（X_7）和"您认为现在农民的生活是否得到了改善"（X_{14}）这两个自变量，对剩下的 15 个自变量继续检验。最终，变量间通过多重共线性检验。

（四）模型拟合优度检验

判断所构建的模型能否用来分析目标问题，应当对模型的拟合优度进行检验。本研究采用模型系数综合检验与 Hosmer-Lemeshow 检验（简称 H-L 检验）来检验模型的拟合优度。检验结果显示，转入意愿模型综合系数检验的卡方值为 62.834，P 值为 0.000（$P<0.05$），通过了检验；转出意愿模型综合系数检验的卡方值为 141.022，P 值为 0.000（$P<0.05$），也通过了检验。转入意愿模型 H-L 检验的卡方值为 6.621，P 值为 0.578（$P>0.05$），不拒绝原假设，模型拟合度较好；转出意愿模型 H-L 检验的卡方值为 3.307，P 值为 0.932（$P>0.05$），不拒绝原假设，模型拟合度较好。

通过模型系数综合检验与 H-L 检验可知，本研究构建的 logistic 回归模型拟合效果良好，其结果能够较好地反映影响农户农地流转意愿因素的情况。

（五）模型分析结果

用 SPSS18.0 进行 logistic 回归分析，选择二元 logistic 回归分析，结果表明农户农地流转转入意愿和转出意愿的影响因素是不同的，见表 5-8。

表 5-8　模型分析结果

意愿	自变量	B	S.E.	Wals	df	Sig.	Exp（B）
转入意愿	村人均 GDP	0.000*	0.000	2.993	1	0.084	1.000
	距县城距离	−0.068	0.048	1.977	1	0.160	0.935
	户主年龄	−0.001	0.021	0.004	1	0.948	0.999
	户均文化水平	−0.181*	0.106	2.933	1	0.087	0.834
	家庭外出务工劳动力比重	−0.036***	0.012	8.395	1	0.004	0.965
	家庭非农业收入比重	0.009	0.008	1.212	1	0.271	1.009
	家庭人均年收入	0.000	0.000	1.094	1	0.296	1.000
	家庭存款数量	0.047	0.154	0.093	1	0.760	1.048
	家庭承包地面积	0.177*	0.093	3.637	1	0.057	1.193
	家庭承包地块数	−0.015	0.258	0.003	1	0.953	0.985
	亩均种植纯收益	0.000	0.000	2.145	1	0.143	1.000
	农地流转相关政策认知度	0.279***	0.104	7.234	1	0.007	1.322
	社会保障水平	−1.026***	0.358	8.215	1	0.004	0.359
	调地次数	−0.459**	0.187	6.046	1	0.014	0.632
	宅基地退出意愿	−0.004	0.318	0.000	1	0.990	0.996
	常量	5.302**	2.376	4.978	1	0.026	200.765
转出意愿	村人均 GDP	0.000	0.000	0.530	1	0.467	1.000
	距县城距离	−0.195*	0.101	3.744	1	0.053	0.805
	户主年龄	−0.035	0.034	1.062	1	0.303	0.966
	户均文化水平	0.718***	0.212	11.490	1	0.001	2.050
	家庭外出务工劳动力比重	0.068***	0.018	13.721	1	0.000	1.070
	家庭非农业收入比重	−0.011	0.014	0.656	1	0.418	0.989
	家庭人均年收入	0.000	0.000	0.533	1	0.465	1.000
	家庭存款数量	0.648**	0.296	4.811	1	0.028	1.912

续表

意愿	自变量	B	S.E.	Wals	df	Sig.	Exp (B)
转出意愿	家庭承包地面积	−0.095	0.141	0.457	1	0.499	0.909
	家庭承包地块数	0.539	0.377	2.048	1	0.152	1.715
	亩均种植纯收益	−0.002***	0.001	8.295	1	0.004	0.998
	农地流转相关政策认知度	0.549***	0.178	9.516	1	0.002	1.731
	社会保障水平	1.474***	0.560	6.920	1	0.009	4.366
	调地次数	0.217	0.249	0.765	1	0.382	1.243
	宅基地退出意愿	0.280	0.485	0.374	1	0.541	1.323
	常量	−11.228**	4.419	6.457	1	0.011	0.000

注：*、**、***分别表示在10%、5%和1%水平上显著；B表示回归系数；S.E.表示标准差；Wals表示卡方值；df表示自由度；Sig.表示显著性水平；Exp (B) 表示发生比。

对农户农地转入意愿有显著影响的因素为户均文化水平、家庭外出务工劳动力比重、家庭承包地面积、农地流转相关政策认知度、社会保障水平和调地次数；对农户农地转出意愿有显著影响的因素为距县城距离、户均文化水平、家庭外出务工劳动力比重、家庭存款数量、亩均种植纯收益、农地流转相关政策认知度和社会保障水平。

1. 区域背景对农户农地流转意愿影响的解释

无论农地转入意愿模型还是农地转出意愿模型，自变量村人均GDP的回归系数都是0，表明村人均GDP的差异不会对农户农地流转意愿产生影响，这可能是因为本研究以县域为研究单元，研究范围较小，各村之间的人均GDP差距不大，村之间较小的经济差距不会对农户个人的流转意愿产生影响。

距县城距离对农户农地转入意愿影响不显著，可能是因为农户是否愿意转入农地主要还是考虑农地所能给自己带来多少收益。如果经营农地能够给自己带来满意的收益，不论距离县城远近，农户都愿意转入农地。在10%的显著性水平下，距县城距离对农户转出意愿影响显著，回归系数为负，与预期相符，表明距县城距离越远农户越不愿转出农地，这是因为在距县城较远的地区，非农业就业机会相对较少，农地对农民显得更为重要，农民放弃农地的可能性相应较小。

2. 家庭劳动力特征对农户农地流转意愿影响的解释

户主年龄对农户农地转入意愿和转出意愿的影响都不显著，其原因可能有两个：一是所调查的样本农户的户主年龄普遍偏大，其中 50 岁以上的户主占了 62.80%，而年轻户主偏少，使得户主年龄间的可比性较差；二是所调查的样本农户大多数没有分家，虽然户主年龄大了不愿再多种地，但家里可能有以从事农业经营为主的其他成员愿意扩大种植规模，导致户主年龄因素对农地流转意愿的影响大大降低。

在 10% 的显著性水平下，户均文化水平对农户农地转入意愿影响显著，回归系数为负。户均文化水平越高，农户越不愿转入农地，因为户均文化水平越高往往意味着在城市里接受过高等教育的家庭成员越多，这表明文化水平高的样本农户更容易被城市吸引，而不愿用自己所掌握的科技知识来从事农业生产。在 1% 的显著性水平下，户均文化水平对农户农地转出意愿影响显著，回归系数为正。户均文化水平越高，掌握非农就业技能的家庭成员越多，农户越愿意放弃农地而从事非农生产。

在 1% 的显著性水平下，家庭外出务工劳动力比重对农户农地转入意愿和转出意愿的影响均比较显著。家庭外出务工劳动力比重越大，农户越不愿意转入农地，而愿意转出农地，与预期相符。农户家庭劳动力数量是一定的，所以家庭外出务工劳动力越多，表明家庭能够从事农业生产的劳动力就越少。农业劳动力不足会使农户愿意转出农地，而不愿转入农地。值得注意的是，家庭外出务工劳动力必须是到本县以外的地区进行务工的劳动力。在本县以内务工的农民通常是兼业农民，农忙时，他们一般可以抽出时间回家劳作，甚至还有不少农民白天在外打工，晚上回家种地，这导致虽然农户家庭非农劳动力较多，但仍可能不愿转出农地。而在本县以外务工的劳动力在农忙时回家帮忙的可能性要远远小于在本县以内务工的劳动力，因此，家庭外出务工劳动力必须界定为到本县以外的地区进行务工的劳动力。

3. 家庭经济特征对农户农地流转意愿影响的解释

从回归分析来看，农户非农业收入比重对农户流转意愿的影响不是很显著，但从统计分析来看，它们之间还是有联系的，即不同类型农户（根据非农业收入比重划分）的流转意愿还是存在一定差异的。

从表 5-9 中可以看出，样本农户中以非农业收入为主的兼业农户数量最多，为 85 户；以农业收入为主的兼业农户数量最少，为 15 户。这是因为当前我国农业效益比较低下，农户家庭只要有成员从事非农业，其家庭非农业收入一般就会超过农业收入。从横向对比来看，纯农户和以农业收入为主的兼业农户对农地的依赖性较强，其愿意转入率明显高于愿意转出率；以非农业收入为主的兼业农户愿意转入率同样高于愿意转出率，这是因为虽然农户的收入来源以非农业为主，但并不绝对意味着家庭非农业劳动力较多。如果家庭农业劳动力较多，农户就仍愿意转入农地；纯非农户基本摆脱了农地的束缚，愿意转出率明显高于愿意转入率。从纵向对比来看，4 类农户的转入意愿为以农业收入为主的兼业农户＞纯农户＞以非农业收入为主的兼业农户＞纯非农户，转出意愿为纯非农户＞以农业收入为主的兼业农户＞以非农业收入为主的兼业农户＞纯农户，与预期基本相符。

表 5-9　不同类型农户的农地流转意愿

农户类型	样本数（户）	愿意转入数（户）	愿意转入率（%）	愿意转出数（户）	愿意转出率（%）
纯农户	26	14	53.85	1	3.85
以农业收入为主的兼业农户	15	9	60.00	5	33.33
以非农业收入为主的兼业农户	85	41	48.24	27	31.76
纯非农户	38	7	18.42	20	52.63

家庭人均年收入对农户农地流转意愿的影响不显著，这可能是因为所调查的样本农户大多数是兼业农户，他们的流转意愿更多受收入来源的影响，而受人均年收入的影响较小。

在5%的显著性水平下,家庭存款数量对农户转出意愿的影响显著,回归系数为正。家庭存款越多,农户越愿意转出农地,与预期相符。经调研发现,家庭存款越多的农户,其家庭成员从事非农业的比重越大,对农地依赖性越弱,越愿意转出农地。家庭存款数量对农户转入意愿没有显著影响。

4. 资源禀赋对农户农地流转意愿影响的解释

在10%的显著性水平下,农户家庭承包地面积对农户转入意愿有正向影响。根据Exp(B)值可知,在其他条件不变的前提下,承包地面积增加1亩,农户转入意愿便会增至原来的1.193倍。承包地面积越大,农户越容易通过规模经营获得规模效益,因而更愿意转入农地,与预期相符。农户家庭承包地面积对农户转出意愿没有显著影响。

家庭承包地块数对农户流转意愿的影响不显著,这可能是因为75%的样本农户的承包地块数集中在3~4块,相差不大,说明农户农地流转意愿更多受收益大小的影响。

亩均种植纯收益对农户转出意愿的影响为负,回归系数通过了1%水平下的显著性检验。亩均种植纯收益越高,农业经营对农户的吸引力越大,农户越倾向于保留农地,与预期相符。亩均种植纯收益对农户转入意愿影响不显著,这可能是因为农业比较效益过于低下或农户家庭农业劳动力不足。虽然亩均种植纯收益越高,农户越倾向于保留农地,但农户并不一定愿意转入农地。

5. 政策认知对农户农地流转意愿影响的解释

在1%的显著性水平下,农地流转相关政策认知度对农户的转入意愿和转出意愿都有显著影响。根据Exp(B)值可知,如果其他条件不变,农地流转相关政策认知度每提高1个水平,农户的转入意愿和转出意愿分别会增至原来的1.322倍和1.731倍,表明农地流转相关政策认知度越高,农户农地流转的意愿越强烈,与预期相符。农户对农地流转相关政策认知的偏差,会造成农户农地流转选择的分化。在调研中我们发现,认为承包地归国家的农户,往往担心转出农地后难以收回,而不愿转出农地;认为承包地归个人的农户,往往担心转入农地后可能随时被收回，而不愿转入农地；认为承包地归集体的农户就很少有这些顾虑。因此，农地流转相关政策认知度是影响农户农地流转意愿的一个重要因素。

6. 社会保障水平对农户农地流转意愿影响的解释

在 1% 的显著性水平下，社会保障水平对农户的转入意愿和转出意愿都有显著影响，其中对农户转入意愿为负向影响，对农户转出意愿为正向影响，与预期相符。据调查，参加新农村养老保险且缴纳较高额度的农户共 38 户，其中愿意转出农地的有 27 户，占总数的 71.05%；没参加新农村养老保险及参加了但没多交钱的农户共 118 户，其中愿意转出农地的有 35 户，占总数的 29.66%，比参加新农村养老保险且缴纳较高额度的农户的愿意转出率低了 41.39 个百分点。购买大病保险等其他保险的农户共 53 户，其中愿意转出农地的有 29 户，占总数的 54.72%；没购买大病保险等其他保险的农户共 111 户，其中愿意转出农地的有 33 户，占总数的 29.73%，比购买大病保险等其他保险的农户的愿意转出率低了 24.99 个百分点。对于农户而言，农地能够满足其生存需要，在很大程度上起到了社会保障的作用。对于社会保障水平较高的农户而言，农地的社会保障作用已极大弱化，所以他们转出农地的意愿较为强烈，转入农地的意愿较弱。

7. 其他因素对农户农地流转意愿影响的解释

在 5% 的显著性水平下，调地次数对农户转入意愿有负向影响，与预期相符。过多的调地次数，会降低农户对地权稳定性的预期，从而减弱农户的农地转入意愿。调地次数对农户转出意愿没有显著影响。

宅基地退出意愿对农户农地流转意愿的影响不显著，这可能是因为欠发达地区农户的恋土情结过于严重。在调研中我们发现，无论农户农地流转意愿如何，他们多数都表示不愿放弃宅基地，真正愿意退出宅基地的样本农户仅占 12.80%，这导致宅基地退出意愿这一因素对农户农地流转意愿没有显著影响。

第三节 农户农地流转行为分析

一、样本农户农地流转参与状况

农户参与农地流转的状况是衡量一个区域农地流转市场发育水平的最基本指标。在调研的 164 户农户中，参与农地流转的有 33 户，占样本总数的 20.12%，高于全县 10.70% 的平均水平，但仍略低于全省 21.36% 的平均水平，更远低于周边较发达地区的平均水平。在参与农地流转的 33 户中，转入农地的户数为 19 户，占参与农地流转总户数的 57.58%；转出农地的户数为 14 户，占参与农地流转总户数的 42.42%。农地转入户数略多于农地转出户数，这与样本农户的流转意愿相吻合。

表 5-10 样本农户农地流转参与状况

农户农地流转参与状况	转入农地	转出农地	未流转农地	合计
样本数（户）	19	14	131	164
比例（%）	11.58	8.54	79.88	100

二、样本农户农地流转规模与形式

（一）样本农户农地流转规模

从农地流转规模来看，样本农户农地转出规模较小，均值为 3.19 亩，其中转出规模在 4 亩及以下的户数占转出总户数的 85.72%。农地转出规模较小的原因是当前我国农户承包的农地面积普遍较小，即便将承包的农地全部转出，也不可能达到太大的规模。与农地转出规模相比，样本农户农地转入规模较大，均值为 4.11 亩，这是因为想规模化经营的农户往往会选择转入多家农户的农地。农地转入规模虽然比转出规模相对较大，但绝对规模较小，其中转入面积在 8 亩以上的样本农户仅有 1 户。可见，调研区域农户的农地流转行为已较为普遍，但流转规模总体较小，呈现出零星流转、分散流转的态势。

表 5-11　样本农户农地流转规模

农地流转规模	转入数（户）	比例（%）	转出数（户）	比例（%）
2 亩及以下	3	15.79	5	35.72
2.01～4 亩	9	47.37	7	50.00
4.01～8 亩	6	31.58	1	7.14
8 亩以上	1	5.26	1	7.14

（二）样本农户农地流转形式

从表 5-12 中可以看出，样本农户农地流转形式非常单一，仅有代耕、转包、出租这 3 种流转形式。在出现农地流转行为的 33 户中，15 户选择以代耕形式流转农地，占样本总数的 45.45%；12 户以转包形式流转农地，占样本总数的 36.36%；6 户以出租形式流转农地，占样本总数的 18.19%。

表 5-12　样本农户农地流转形式

农地流转形式	样本数（户）	比例（%）
代耕	15	45.45
转包	12	36.36
出租	6	18.19
其他	0	0

代耕是关系密切的农户之间常用的一种流转方式。这种方式往往是无偿的，其经济目的要远远弱于社会目的。转包和出租是当前我国农地流转最常见的两种形式，通过这两种形式流转农地的农户一般都会获得一定的收益，但这两种形式对农地流转市场化的推动作用要远小于入股、反租倒包等形式。可见，样本区域的农户多以最传统的形式进行农地流转，缺少推动农地合理流转的新型模式，因此，农地流转形式亟须创新。

三、样本农户农地流转对象与租金水平

从流转来源或去向看，样本农户的农地流转主要是在本村之内进行的，流转对象为外村农户的比例仅占 15.15%。从流转主体之间的关系来看，农地流转在亲属之间进行的比例最高，达到 51.52%。从流转主体的经营规模来看，农地流转主要是在个体农户之间进行的。在 14 户转出农地的农户中，仅 1 户把农地流转给了种植大户。由以上数据可知，地域因素和亲情因素对样本区域的农地流转限制非常严重，即农地流转基本被限定在本村内部和亲属之间。

表 5-13　样本农户农地流转对象

农地流转对象	样本数（户）	比例（%）
亲属	17	51.52
同村其他个人	11	33.33
同村种植大户或农业企业	0	0
外村个人	4	12.12
外村种植大户或农业企业	1	3.03

农地流转的来源或去向与流转的租金水平有很大关系。一般来说，亲属之间进行的农地流转常常选择无偿代耕的形式；与同村无血缘关系的人及外村人进行的农地流转一般是有偿的，即通常支付现金或一定数量的农产品。样本农户的农地流转多数在亲属之间进行，导致近半数农户的农地流转租金为 0 元/亩；在 18 户有偿流转农地的农户中，租金的平均值为 492 元/亩，其中租金最高的为 1000 元/亩，流转对象为外村种植大户。

表 5-14　样本农户农地流转租金水平

农地流转租金（元/亩）	样本数（户）	比例（%）
0	15	45.45
0.01~200	5	15.15
200.01~500	5	15.15
500.01~1000	8	24.25
1000 以上	0	0

注：支付农产品的按当地农产品平均价格折合成现金表示。

四、样本农户农地流转实现方式

一般来说,通过村集体组织或土地流转中介组织实现的农地流转通常是流转面积较大、流转合同较为规范的长期性流转,这有助于将零碎、分散的农地向种植大户、农业企业集中,从而实现农地的规模经营;通过自行协商实现的农地流转通常是流转规模较小、流转期限较短的暂时性流转,这对于解决我国农地细碎化问题起不到太大作用。

从表 5-15 中可以看出,在 33 户参与农地流转的农户中,30 户是通过自行协商实现农地流转的,占样本总数的 90.91%;仅 3 户是通过村集体组织介绍实现农地流转的,占样本总数的 9.09%;没有农户通过土地流转中介组织介绍实现农地流转。这进一步说明调研区域的农地流转水平总体较低,且农地流转市场发育不完善。

表 5-15 样本农户农地流转实现方式

农地流转实现方式	样本数(户)	比例(%)
自己直接找对方或对方直接找自己	28	84.85
通过熟人介绍	2	6.06
通过村集体组织介绍	3	9.09
通过土地流转中介组织介绍	0	0

五、样本农户农地流转合同签订状况

农户农地流转的约定形式能够反映当地农地流转契约化、市场化的程度。在当今市场经济环境下,契约的作用日趋凸显,对农户的农地流转行为已产生了很大影响。不少流转农户会选择签订具备一定法律效力的书面合同,来保障双方的权益。

从表 5-16 中可以看出,在 33 户参与农地流转的农户中,27 户采用口头约定的形式流转农地,占样本总数的 81.82%;仅 6 户采用书面合同约定的形式流转农地,占样本总数的 18.18%。这是因为在经济欠发达地区,农地流转主要发生在本村之内,流转双方彼此非常熟悉。同时,传统民俗及村内其他成员会对流转双方造成较大的舆论压力，使得农户更多选择建立在互信基础上的口头协议，而忽略正规的书面协议。

表 5-16 样本农户农地流转约定形式

农地流转约定形式	样本数（户）	比例（%）
口头约定	27	81.82
书面合同约定	6	18.18

在签订书面合同的 6 户农户中，仅两户表示合同既得到了第三方的证明又不可以随意终止，可见样本区域农户签订的书面流转合同规范性较差。

第四节 农户农地流转意愿与流转行为的差异分析

农户的农地流转意愿是其流转行为的先导，对流转行为的选择起着指引作用。农户的农地流转意愿与流转行为往往并不完全一致，因为流转意愿的产生到流转行为的发生，会受到各种难以预见的因素的影响。有流转意愿的农户，有可能因流转信息获取困难、流转价格不符合预期等而没有流转农地；没有流转意愿的农户，有可能因村集体干预、帮助亲友等而流转了农地。与经济发达地区相比，我国经济欠发达地区农户的农地流转意愿与流转行为不一致的现象更为严重，而这种现象形成的原因往往就是影响农户农地合理流转的障碍因素。因此，以鱼台县为例，深入探讨农户农地流转意愿与流转行为不一致的现象，分析差异出现的原因，进而找出阻碍当地农地合理流转的关键因素，提出破解关键障碍因素的路径，对于促进我国特别是我国欠发达地区农地合理流转有着非常重要的意义。

一、样本农户农地流转意愿与流转行为的差异

从表 5-17 中可以看出，在 93 户没有农地转入意愿的农户中，92 户没有转入农地，显示农地流转意愿与流转行为的一致率高达 98.92%。但在 71 户有农地转入意愿的农户中，仅 18 户转入了农地，

显示农地流转意愿与流转行为的一致率为 25.35%。

表 5-17 样本农户农地转入意愿与流转行为的差异

意愿	行为			
	已转入（户）	比例（%）	没转入（户）	比例（%）
愿意转入	18	25.35	53	74.65
不愿转入	1	1.08	92	98.92

从表 5-18 中可以看出，在 102 户没有农地转出意愿的农户中，102 户没有转出农地，显示农地流转意愿与流转行为的一致率达到 100%。但在 62 户有农地转出意愿的农户中，仅 14 户转出了农地，显示农地流转意愿与流转行为的一致率为 22.58%。

表 5-18 样本农户农地转出意愿与流转行为的差异

意愿	行为			
	已转出（户）	比例（%）	没转出（户）	比例（%）
愿意转出	14	22.58	48	77.42
不愿转出	0	0	102	100

由以上数据可知，不愿流转农地的农户的意愿与行为显示出高度一致性。但愿意流转农地的农户的意愿与行为的一致率非常低，这说明样本农户在农地流转的过程中遇到了重重阻力，最终导致农地流转行为没能发生。

二、样本农户农地流转意愿与流转行为出现差异的原因

（一）样本农户没有农地流转意愿却有农地流转行为的原因

农户没有农地流转意愿却有农地流转行为的原因可能主要有两个：一个是政府或村集体强制推动；另一个是为了帮助亲友。在样本农户中，仅有 1 个为了帮助亲友而转入农地的案例，没有出现政府或村集体强制农户流转农地的情况。

个案1：张某，男，55岁，务农。

家里一共承包了5亩地，儿子在县城打工，儿媳在家里看孩子，主要是我们老两口种这5亩地。现在我们年纪大了，也不愿再多种地了。前年夏天，我隔壁邻居，也是我的堂哥要去济南照看孙子，想把他家的地给我家种，觉得把地交给我放心。我刚开始不同意。我们这么大年纪了，哪还能种那么多地，再说种地也赚不了多少钱。后来一想，人家都上门来求了，这又是亲戚又是邻居的，拒绝了多不好，多种点就多种点吧，这样还能加深两家的关系，以后指不定还有啥事得找他家帮忙呢。咱也不能白种人家的地，不好直接给钱，就趁他们回家过年的时候给了他家几袋白面，让他家蒸馒头用。

个案1反映了农村传统的人情规则对农户农地流转行为产生的影响。这也从侧面反映了农户农地流转行为不是以追求经济效益最大化为目标的完全理性行为，而是综合考虑经济、社会、传统风俗、人情规则等因素后才做出最终决策的有限理性行为。

（二）样本农户有农地流转意愿却没有农地流转行为的原因

有农地流转意愿却没有农地流转行为的样本农户数量较多，这种现象出现的原因也是多种多样的。根据本次调研情况，本研究概括出以下几个原因，如表5-19和表5-20所示。

表5-19 样本农户有农地转入意愿却没有农地转入行为的原因

原因	样本数（户）
没有找到愿意转出的人	41
因价格等没有和对方谈妥	4
种别人的地风险太大，有可能被收回	4
缺少更多的劳动力	11

注：农户没有农地流转行为的原因可能有多个，所以本选项可多选。

表 5-20　样本农户有农地转出意愿却没有农地转出行为的原因

原因	样本数（户）
没有找到愿意转入的人	33
因价格等没有和对方谈妥	15
担心转出后难以收回	18
担心转出后生活没了保障	14

注：农户没有农地流转行为的原因可能有多个，所以本选项可多选。

从表 5-19 和表 5-20 中可以看出，没有找到愿意流转的人是农户农地流转意愿与流转行为不一致的最主要原因。以下的访谈案例对此也有具体的反映。

个案 2：周某，男，54 岁，务农。

家里一共有 6 口人。母亲身体还算硬朗，主要在家帮忙看孩子。我、老伴儿、儿子、儿媳就守着家里的 4.8 亩地。我家投入的劳力和时间比别人家多，产量也比别人家大。除去成本，一亩地（小麦与棉花轮作）能赚将近 3000 元，但现在物价这么贵，一年赚的钱也就刚够吃饭的。家里人都没上过几年学，不像别人还会出去打工，所以我们想多赚点钱就只能再多种点地，但是这几年一直都没找到愿意转出的人。本村愿意转的都转给了自己的亲戚，而外村的咱又不认识。去年我托村组织帮忙打听，人家也懒得搭理咱，到现在还没消息。咱这地方又不像人家大地方，人家找不到（流转对象）的时候还可以找土地流转中介帮忙。

个案 3：王某，男，48 岁，县城打工。

家里有 4 口人，有 3 口打工，早就不指望那点地赚钱了。很早之前我们就有了转出土地的想法，但一直没找到愿意转入的合适人选。其实我知道我们村里有几家想多种地的，但是如果把地给他们的话没法开口要钱啊。我们村里还没有给钱的先例，白给他们还不如自己先种着。转给外村的难度更大，首先咱不知道外村谁想转入，就算知道了咱也不敢转啊。自己村里人知道我把地给了外村人，会说闲话的。所以现在我就只能自己先种着地，看看能不能等到哪天村集体统一把村里的地转出去。

从个案 2 和个案 3 可以看出，没有找到愿意流转的人有两种情况。

个案 2 反映的情况是土地流转中介组织缺乏、村集体不作为等使得农户找不到愿意流转的人。想转入农地却没转入的最主要原因是没有找到愿意转出的人，而想转出农地却没转出的最主要原因是没有找到愿意转入的人。可见，当地的农地供给与需求都比较充足，缺的是能把供给和需求衔接起来的纽带。村集体、土地流转中介组织应发挥把供求双方连接起来的桥梁和纽带作用。但事实上，当地村集体没有履行好服务职能，土地流转中介组织又严重缺乏，导致了"农地供给者找不到农地需求者，农地需求者找不到农地供给者"这一尴尬局面的出现。个案 3 反映的情况是想转出农地的农户因不愿把农地转给本村人又不敢转给外村人而找不到愿意转入的人，这说明农村传统风俗和人情关系会对农户农地流转产生很大影响。由以上两个案例可知，农地流转市场发育不健全、村集体服务职能发挥不充分、农户传统的小农思想过于浓厚已成为制约调研区域农地合理流转的主要因素。

找到了愿意流转的人但没和对方谈妥也是农户农地流转意愿与流转行为不一致的原因，而双方能否谈妥的关键是流转价格的高低。

个案 4：闫某，男，43 岁，县城打工。

家里只有 3 口人，我和妻子都在城里打工，儿子在外地上大学。家里的地根本就没时间管，都是雇人管的。去年我托熟人找到邻村一个想转入的人。我认为前几年国家已经取消了农业税，近几年农作物的产量又越来越高，种地比起以前已经能赚不少钱了，所以流转价格最少也得 700 元一亩，可对方非得坚持一亩就给 400 元，最后我们也没达成一致意见，这事也就散了。

个案 4 反映了农户农地流转价格心理预期对其流转行为的影响。如果流转价格不能满足转入或转出任何一方的心理预期，农地流转就很难实现。一般来说，想转入农地的农户的预期价格较低，而想转出农地的农户的预期价格较高，于是靠双方自行协商达成一致意见的难度较大。因此，建立农地流转价格评估中介，使农地流转价格能够真实反映土地的使用价值显得非常重要。

担心农地流转后农地随时可能被收回（或难以收回）也是农户农地流转意愿与流转行为不一致的原因。

个案5：周某，男，58岁，乡镇打工。

家里一共有10亩地，就两口人种，确实忙不过来，所以我们想把地租出去。但是我一想到万一地收不回来，就不敢租出去了。自己家的地到底是属于谁的，我到现在还没搞清楚。别人有说归国家的，有说归集体的，有说归个人的，反正怎么说的都有。听说最近别的庄在搞土地确权，确权后土地就能归自个儿了，可是到现在俺庄还没开始，也不清楚还搞不搞。如果地真是归国家的，那么我把地给人家种，时间长了人家不给我了咋办？我又没啥凭证能证明地就是我的，所以现在我还是不租出去了，等到真能确权以后再说吧。

从个案5可以看出，农户担心农地随时可能被收回（或难以收回）的原因有两个。一是农户对农地产权政策的认知度太低，不知道农地产权的归属，而不敢轻易流转农地。二是我国农地产权残缺，容易使农户的农地权益受到侵害，使农户认为流转农地会有较大的风险。由此可知，农户对农地流转相关政策的认知度过低、农地产权存在缺陷也是制约调研区域农地合理流转的因素。

担心转出农地后生活没了保障是农户有农地转出意愿但没有转出行为的一个重要原因。

个案6：岳某，男，52岁，县城打工。

我家一共有5口人，有3口打工，只有我妻子在家一边看孙子一边种地。农忙的时候我还能帮帮忙，但是儿子和儿媳在济宁打工，根本就没法回来帮忙，所以我家不想种地了。可是后来我和妻子寻思，打工毕竟不是个稳定长久的出路，而且咱又没啥过硬的本事，如果家里有地的话，万一哪天被人家辞了还可以回家种地自保，再说农村也没啥福利保障。我家也没买保险，也就有那几亩地，那可是命根子，转不转还是等家里存够养老的钱以后再说吧。

个案6中的农户因家庭缺少充足的农业劳动力而有较强的农地转出意愿，但因农村社会保障缺失，对转出农地有后顾之忧，增加了对农地的依赖感，从而最终选择了保留农地。由此可知，农村社会保障体系不完善也是制约调研区域农地合理流转的因素。

第六章　农地流转障碍因素的宏观分析

本章从农地产权结构、农业补贴与农产品价格机制、农业自然风险与农业保险供给、农地流转市场体系、地方政府在农地流转中的作为、乡村治理结构变迁、农户观念等视角，从宏观层面分析和探讨农地流转的障碍因素，并解读其障碍机理。

第一节　农地产权缺陷对流转的制约

新中国成立后，我国通过推行土地改革、农业合作社、人民公社化、家庭联产承包责任制等，逐步建立起以家庭联产承包责任制为主要内容的农村集体土地产权制度。现行农地产权是由土地所有权、土地承包权、土地经营权组成的权利束。以家庭联产承包责任制为主要内容的农地制度的实施曾一度调动起农民的极大热情，促进了生产力的快速发展。然而，随着市场经济的发展及科技的进步，现行农地产权制度的内生弊端日益显现，一定程度上阻碍了农地市场的发育及农业的现代化进程。

20世纪70年代末以来，我国土地承包经营权的流转伴随着家庭联产承包责任制的确立而出现。然而，家庭承包经营制度下平分地权的结果不利于土地市场的发育和土地的流动与集中，阻碍了土地的规模化经营及现代农业科技成果的应用。我国现行农地产权制度的不尽完善及农地自身的保障功能在很大程度上难以使农户将手中的土地投入市场进行流转。徐美银对江苏省泰州市387户农户的实证研究表明：收入水平低却仍然直接从事农业生产的农户对土地占有权、土地生产、保障性收益以及土地继承权持有强烈偏好；非农就业机会多的农户则对土地的转让权和抵押权需求度较高。① 整体说来，虽然以非农收入为主的农民比主要从事农业生产的农户更有流转意愿，但仍有大部分从事非农产业的农户不愿放弃农地的保障权益。

产权是一组权利束的组合，是一项独立的财产权，具有法律保护功能、利益获取功能、激励功能和约束功能。所有权是产权的基础，合法占有是产权的标志，登记公示是产权成立的要件。农地产权安排或产权结构直接形成农地配置状况或驱动耕地资源配置状况发生改变，决定着产权内在调节机制和外在调节机制及两者的结合。现代产权理论认为，一个能提高稀缺耕地资源利用效率的高效产权体系应具备排他性、转让性和继承性三个特性。土地市场运行的基础是土地产权制度，而清晰的产权是土地市场存在的前提。我国现行农村集体土地产权制度存在产权主体不明晰、农地产权关系不稳定、农地发展权的政府所有化等缺陷，对农地流转的健康运行产生了障碍作用。

一、农地产权不明晰，弱化了农户流转土地的保障基础

（一）所有权主体不清晰

20世纪80年代初期，我国农村实行了家庭联产承包责任制，在坚持土地集体所有的前提下，把土地经营权分给集体经济组织成员农户，形成了"两权分离"格局，在保留集体所有权的同时，不断做实、做强使用权。这一制度有效激励了农民的农业生产积极性，取得了巨大成就。但30多年的实践也证明，现行的农地制度也存在产权不明或缺位的制度性缺陷。我国农村的土地归集体所有，这在《宪法》《物权法》《土地管理法》中都有十分明确的规定。但现行集体经济组织有乡、村、村民小组三级，至于到底所有权归谁，法律规定较为含糊，导致现实中出现了两种错位情况：一种是土地"村有组管"，即土地所有权主体登记为村委会，但土地承包合同的签订、承包地的调整由村民小组管理执行；另一种情况是土地"组有村管"，即土地所有权主体登记为村民小组，但土地的承包、调整、收益处置由村委会负责执行。

---

① 徐美银：《农民阶层分化、产权偏好差异与土地流转意愿——基于江苏省泰州市387户农户的实证分析》，载《社会科学》，2013（1）。

村委会或村集体经济组织、村民小组都参与土地的发包和土地流转管理，使得土地所有权归属在事实上呈现出"一权多主"的混乱现象。农业部固定观察点的调查显示，土地归村民小组所有的情况很多，约占50%以上。但现行村民小组已不同于其前身生产队，没有独立的法律地位，不是一级独立组织，所以由村民小组充当农村土地所有权主体，实际上形同虚设，事实上就是"产权无主"。以上两种情况本质上都是土地产权的责、权、利不清，导致农地管理与保护的责任主体不明，这是当前农地市场发育遭遇困境的深层原因。

（二）所有权权能虚化

1998年我国修订的《土地管理法》第八条规定我国农村和城市郊区的土地，除法律规定属于国家所有的以外，属于农民集体所有。从产权的完整性角度看，农民集体对其所有的耕地应该享有占有、使用、收益、处分四项权能，然而现实情况并非如此。表面上看，农民集体经济组织确实占有农地，拥有向本集体经济组织成员发包农地的权利，同时农户在承包期内拥有经营权、收益权、转让权等，且国家征收集体土地时还必须给予补偿，这都体现了农民集体的土地所有权。但是，农民集体缺少所有权的最重要权能——处分权。农户对于承包的土地，必须按照县、乡土地利用总体规划规定的用途使用，改变耕地用途必须经过农用地转用审批。集体土地必须先被征收为国有土地后才能入市。国家征地有强制权，给予的补偿费往往很低，难以弥补农民的损失。由此看来，国家或地方政府实际掌握着集体土地的处分权。农村集体土地所有权的虚化，实际上是国家或地方政府掌握了集体土地的所有权。政府控制了农地承包经营权交易市场，并运用行政权力干扰农地交易价格，使农地承包经营权交易价格不能真正反映农地资源的稀缺程度，使农地承包经营权转让收益也随之下降，进而减少农地市场供给。①

（三）农户对农地产权主体认知模糊

由于农户自身受教育水平等方面的限制，农户对农地产权主体的认

---

① 钱忠好：《农村土地承包经营权产权残缺与市场流转困境：理论与政策分析》，载《管理世界》，2002（6）。

知是模糊的，只有少部分农户清楚产权主体的界定。徐美银对江苏省农户的调研数据显示，仅 36.50% 的农户认为农村土地属于集体所有。①王凯关于成都市农户对农地产权制度的认知调查数据显示，仅 21.92% 的农户认为农村土地归集体所有。② 在农村集体土地所有权主体界定不清晰以及农户自身对农地产权归属认识不清的情况下，乡镇政府往往扮演着农地所有权主体代表的角色，而且非常强势，为了提高政绩或者寻利往往指令村委会或者村干部强行收回农民的土地承包经营权再定向流转。农户参与农地流转问题谈判的应有权利被排除在集体组织之外。③此外，一些乡镇政府以低价收回农户的承包土地再以高价转让，从中赚取差价，损害了农户的应有权益，影响了农户进行农地流转的积极性。

二、农地产权关系不稳定，阻滞了农地市场的健康运行

（一）农村土地承包经营权不稳定

通过土地承包获得的土地承包经营权具有物权的特征，2007 年的《物权法》也将其界定为主要不动产物权之一。但目前大多数土地承包经营权仍以承包合同的形式固定，以债权的形式呈现，没有进行规范的权利登记，未能按土地物权的属性给予保障。我国第二轮土地承包期为 30 年，并体现出由"增人不增地，减人不减地"到"土地承包长久不变"的政策转变，但 30 年承包期内随意变更承包合同、减人减地、调整土地等侵权行为经常发生。有关调查研究显示，1978 年以来，我国几乎所有的农村集体都对承包土地尤其是耕地进行了调整。20 世纪 90 年代中期之后，土地承包期 30 年的国家政策，也只在一小部分地方得到了认真执行。政策执行的阻力，不少来自农户内部的风俗习惯和农户急功近利的认知。中南财经政法大学陈小君教授的课题组，在 2007 年对 180 个

---

① 徐美银：《农民阶层分化、产权偏好差异与土地流转意愿——基于江苏省泰州市 387 户农户的实证分析》，载《社会科学》，2013（1）。
② 王凯：《基于农民认知视角的农地产权制度变革研究——以成都市为例》，硕士学位论文，四川农业大学，2011。
③ 马立：《当前中国农村地权变化的理论研究成果与实践动态》，载《湖北社会科学》，2007（9）。

村的近 2000 户农民进行了实地调查，涵盖了湖北、湖南、四川、河南、广东、贵州、江苏、山东、山西、黑龙江 10 个省 30 个县的近 90 个乡镇，共收回有效问卷 1799 份和访谈记录 200 余份。结果表明仅 25.90%的受访农户认为"增人不增地，减人不减地"的农地政策"好"，而认为该政策不好的受访农户则高达 56.03%。① 农民的绝对平均主义认知局限，对土地承包经营权的长期稳定带来了很大冲击。

> **专栏 6-1　孔老村的承包地确权契约**
>
> 　　孔老村位于山东省德州市齐河县的南部。这里是一望无际的平原，属典型的季风气候。全村有 954 口人。全村面积为 2421.8 亩，其中，住宅用地为 201.1 亩，耕地为 2202.3 亩，林地为 16.7 亩，坑塘为 1.7 亩。
>
> 　　孔老村仍然实行"减人减地，增人增地"的做法，保留了"五年一调地"的传统，并且实施多次微调。村小组内有人去世或有姑娘出嫁时，村小组就把土地收回分配给有新增人口的家庭（按新增人口的顺序予以分地），使村小组内各个成员都有地可种。孔老村上次调地是在 2010 年。2015 年又是调地的年份，正好赶上土地确权，有些村民担心一旦确权，到了调地时有人以此为借口不往外退地，于是确权工作遇到了阻力。针对村民的担忧，孔老村召开了全体村民大会，决定"五年一调地"的传统不变，并且让所有村民都按了手印。正是由于这样一份契约，村民才安下心来，积极响应确权登记号召，于 2015 年 2 月完成了土地承包经营权确权登记颁证工作。如今土地承包经营权确权证书已经下发到了农户的手里。
>
> 　　资料来源：孔德志《孔老村土地登记调查分析》，2016 年。

　　此外，国家非农建设征收集体土地也对农村土地承包经营权的稳定带来很大冲击，干扰了农地流转市场的发育。在国家征收的农民集体土地中，耕地占比很高，且绝大部分是农民的承包地。以山东省滕州市为例，2010 年征地 416.5065 公顷，其中耕地 283.9788 公顷，占

---

① 陈小君、高飞、耿卓等：《后农业税时代农地权利体系与运行机理研究论纲——以对我国十省农地问题立法调查为基础》，载《法律科学》（西北政法大学学报），2010（1）。

征地总面积的 68.2%；2011 年征地 516.2108 公顷，其中耕地 135.7184 公顷，占征地总面积的 26.3%；2012 年征地 334.2912 公顷，其中耕地 224.9827 公顷，占征地总面积的 67.3%；2013 年征地 243.0292 公顷，其中耕地 141.7928 公顷，占征地总面积的 58.3%；2014 年征地 222.9000 公顷，其中耕地面积 186.1299 公顷，占征地总面积的 83.5%。国家征地行为在一定程度上降低了农户经营土地的收益预期。同时，围绕征地补偿费的分配切割，转出与转入农户之间往往产生经济纠纷。这些都影响了农户尤其是种田大户转入农地的积极性。

(二) 土地承包经营权确权登记存在很多问题

土地确权指的是确定土地权属关系，本质是对土地的权属、界址、位置、面积、用途、等级等地籍信息进行确认并登记。对农地承包经营权进行确权登记，使农民在承包经营的土地上所享有的各种权利都依法得到了明确界定，以颁发农村土地承包经营权证书的形式将农村土地的承包经营权固定到具体农户，让农民承包经营的每一宗土地都有了"身份证"，明确了经营主体，从而为建立起产权清晰、权属明确的农地流转市场打下了坚实的基础，为现代农业的发展创造了良好的环境。

土地承包经营权确权登记工作，是确认和保护农民的土地财产权利，保障农地流转交易安全，完善土地承包经营制度的一项基础性工作，同时也是深化农村土地制度改革的前提条件。[①] 2013 年 2 月，《中共中央国务院关于加快发展现代农业 进一步增强农村发展活力的若干意见》，提出用 5 年时间基本完成农村土地承包经营权确权登记颁证工作，妥善解决农户承包地块面积不准、四至不清等问题。农业部于 2014 年 3 月 1 日颁布实施《农村土地承包经营权确权登记数据库规范》《农村土地承包经营权调查规程》及《农村土地承包经营权要素编码规则》等规范文件。2014 年，山东省被列为全国整省土地承包经

---

① 王小映：《推进农村土地承包经营权登记具有多重意义》，载《农民日报》，2014-10-23。

权确权登记试点单位，其农村土地承包经营权确权登记颁证工作全面推进。截至2015年年底，山东省73910个有耕地村（社区）完成了土地确权登记颁证工作，占总数的95.9%；确权耕地面积为8815.6万亩，占家庭承包耕地面积的98.1%；确权承包户为1670.6万户，占家庭承包户的94.6%。该成果对于稳定农村土地承包关系，有效实现"三权分置"激活农村"沉睡的资本"，推动农村产权制度改革，实现土地承包信息化管理，以及维护农村社会和谐稳定，奠定了坚实的产权保障基础。①

山东省农村土地承包经营权确权登记颁证取得了可喜成绩，但确权登记过程也存在着不少问题，在一定程度上影响了确权质量，埋下了权属争议隐患。

1. 权属不清的"证地"问题

随着国家对"三农"问题的重视，惠农政策力度越来越大。现在农民种地不但免交农业税，每年还能得到国家给予的一定的种地直接补贴，所以农地的收益不断增加。农民对承包土地更加珍惜，"寸土必争"成为新常态，致使原来一些潜在的矛盾在承包土地确权中凸显出来。在1998年农村土地第二轮延包后，有的村民小组对国家政策理解不透彻或者基于"减人减地，增人增地"的传统压力，对国家"土地承包30年不变"的政策执行不力，对承包土地不断调整。有的地方甚至每年一小调、五年一大调，致使农户现有承包经营的土地和二轮承包登记时的土地权属信息不符。同时，承包分地时测量手段落后致使面积数据粗糙，从而产生了一系列诸如无证有地、无地有证、一地多证、证地不符等"证地"问题。对于这些历史遗留问题，平时村民都不会关注太多，但是到了确权颁证的利益攸关时刻，矛盾即会凸显。尽管村民小组通过调解或者民主决议暂时化解了这些矛盾，使村民协商完成了确权登记，但为后续土地流转埋下了权属争议的隐患。

2. 图、数、实地面积不符的"折亩"问题

"折亩"换算指的是村民依据土地的产量、耕作便利情况、旱涝状

---

① 资料来源：山东省农业厅《山东省关于农村土地承包经营权确权登记颁证工作情况的报告》，2016年10月。

况、位置等因素，将本集体的耕地划分为不同的等级，并且通过折算得出一个名义上的土地面积后承包给农户耕种的行为。一般情况下，质量好的耕地 1 亩折算成 1 亩，质量较差的耕地 1 亩以上折算成 1 亩。① 以山东省齐河县的孔老村为例，由于耕地质量存在差异，并考虑到挖沟、挖河的需要，村集体二轮承包时采取了"折亩"换算的方式确定承包地块面积，具体"折亩"情况如下：村南、场北、坟台东、坝东以及马集北的大部分耕地地势平坦，水利设施完善，灌溉便利，排涝方便，定为一级地，1 亩当作 1 亩；马集北的部分耕地由于地下埋有输气、输油管道，且地势低洼，排水不畅，耕作质量较差，粮食产量明显低于一级地，因此被定为二级地，1.2 亩当作 1 亩；村北土地以前是林地，后来变更为耕地，由于其土壤质量较差且地块破碎，地势也高低不平，不利于耕种，被定为三级地，1.3 亩当作 1 亩。"折亩"换算导致农户承包地块的承包面积与确权实测面积不符。虽然两个面积在确权登记时分别记入了登记簿册，但数字的冲突在后续的土地流转交易时仍然会带来麻烦。

3. 技术缺陷导致的确权登记质量问题

农村土地承包经营权确权登记是一项政策性很强的行政工作，更是一项专业性很强的技术工作，从界址测量、宗地图绘制、面积量算、地籍信息录入到确权、登记、颁证，其每一个环节都要严格按照国家相应的规程、规范要求进行，这就需要专门机构与专业技术人员来完成。各地基本同时开展这项工作，对专业机构与专业技术人员的需求很大，于是出现了严重的供不应求的矛盾，影响了确权登记进程与质量。以山东省为例，各地市的农村土地承包经营权确权登记工作，全部以公开招标的方式承包给具有乙级以上（含乙级）测绘或地籍调查资质的单位，并明确要求队伍稳定，不允许转包和分包。然而，2014 年山东省共有测绘单位 728 家，其中，甲级资质单位 28 家，乙级资质单位 64 家，分别仅占总数的 3.8% 和 8.8%，显示出具备资质要求的

---

① 陈明、武小龙、刘祖云：《权属意识、地方性知识与土地确权实践——贵州省丘陵山区农村土地承包经营权确权的实证研究》，载《农业经济问题》，2014（2）。

单位明显不足，致使不少作业单位同时承担多个地区的确权登记工作，这就不可避免地出现了一系列问题。一是作业人员的技术水平参差不齐。由于本次确权登记工作时间紧，加之很多测绘单位人力匮乏，大批新进员工或者未毕业的实习生未经专门培训即进入实际工作，致使很多环节的工作质量难以保证。二是不同作业单位之间缺少有效沟通，没有形成统一的测绘标准，其基础软件及影像工作底图也不尽一致，为后期数据入库和统一管理带来很多不便。三是有的单位为了利益和工期，违反合同规定，将项目转包、分包给不具备资质的单位或个人，致使项目质量大打折扣。① 权属明确、界址清楚、面积准确、资料齐全是土地确权登记的基本要求。然而，以上技术缺陷，使得不少承包地块的地籍要素信息没有达到这一标准，所以即使办理了登记，发放了证书，确权也缺少公信力，难以起到产权保护的作用。而且在农地流转中，地籍要素不准容易引起纠纷，不利于农地市场的信息化管理，不利于农地流转市场的建设与发育。

三、农地发展权的政府所有化，降低了农户流转土地的积极性

土地发展权又称为土地开发权，亦指将农用地改变为建设用地进行非农利用的权利，是一种可单独处分的财产权。土地发展权是西方发达国家为保护公共利益而设定的一种权利，主要用来保护耕地以及湿地、环境敏感区等，是伴随着土地利用方式的多样化以及不同用途土地经济收益的显著差异而产生的。英国于20世纪40年代率先创设了土地发展权；20世纪70年代，法国开始了类似发展权的设置；20世纪70年代末，美国也设定了土地发展权。美国的土地发展权为土地所有权的有机组成部分，但可以与所有权分离。美国政府采取向耕地所有者购买发展权的办法，来保护优质耕地资源，以及防止城市快速扩张对郊区的过度蚕食。

我国目前的物权体系还没有设定土地发展权，但是该项权利客观上是存在的。它既不属于集体经济组织，也不属于国家，实际上被地

---

① 孟令冉、吴军、吕晓：《农村土地承包经营权确权登记工作问题研究——以山东省三市为例》，载《国土资源情报》，2015 (6)。

方政府占有，并且是无偿占有。计划经济时期，我国集体土地的发展权一直掌握在集体经济组织手中；1987年1月1日《土地管理法》实施之后，尤其是1999年1月1日新修订的《土地管理法》实施后，国家通过县、乡土地利用总体规划设定地块的用途，无偿地剥夺了农村集体经济组织变更其农地用途的权利。这一过程表面上看是农地发展权的国有化，但实际上是县级政府占有了农地发展权。县级政府可以依据县、乡土地利用总体规划或通过修改规划，将农地规划为建设用地，这样政府就可以通过征收将集体农用地转变为国有建设用地。县级政府的征地费用为安置补助费、土地补偿费（现在两项费用合并为征地区片价）、青苗及地上物补偿费，然而出让该土地的收益却远远高于征地补偿。两者之差即为农地发展权价格，该级差收益绝大部分成为县级政府的计划外收入，所以客观上讲我国的农地发展权归属于县级地方政府。①

农地发展权的政府所有化不利于耕地保护。①征地成本太低，征地和出让之间存在巨大的级差收益，刺激地方政府征地增财。②政府通过编制土地利用总体规划剥夺了农民的农地发展权，使得保护耕地、保护基本农田成了农村集体经济组织和农民对国家的一种无偿义务。由于缺少经济激励机制，耕地保护客观上变成了一种无动力志愿者行动，使保护效果大打折扣。③农民不能拥有可转移的农地发展权，造成经济发达地区与经济欠发达地区在耕地资源保护行动中呈现出非合作博弈现象。在土地利用总体规划编制或修编时，经济发达地区往往以建设用地需求强劲为理由，要求降低耕地保有量和基本农田保护面积指标，要求增加建设占用农用地和耕地指标，无偿逃避耕地保护义务；经济欠发达地区往往被赋予更重的粮食安全责任和义务，被下达更多的耕地保有量和基本农田保护面积指标，却基本上得不到任何补偿。这种无偿强制剥夺经济欠发达地区农地发展权的做法，必然造成这些地区农民的心理失衡，降低他们保护耕地的积极主动性。

综上所述，我国农地发展权的政府所有化，助推了农地非农化，

---

① 张全景、欧名豪：《中国土地用途管制制度的耕地保护绩效研究》，225~227页，北京，商务印书馆，2008。

干扰了农户经营预期,剥夺了农户的正当权益,因此限制了转入农户的经营行为,使农户对农地流转产生抵触情绪,降低了农户转入农地的积极性。

第二节　农业补贴与农产品价格缺陷对农地流转的限制

我国的农业补贴政策开始于 20 世纪 50 年代末,最早是国营拖拉机站的"机耕定额亏损补贴",之后逐渐扩展到农用生产资料的价格补贴、农业生产用电补贴、贷款贴息补贴等方面。农业补贴在增加农民收入、促进农民生产等方面起了很大作用,但随着近年来农业补贴力度增大,农地流转过程产生了一些纠纷,一定程度上阻碍了农地流转。农产品价格偏低、增长缓慢,导致农业经营的边际收益降低,进一步抑制了农户流转农地的积极性。农业补贴和农产品价格共同作用下产生的农地流转市场供需不平衡的矛盾,很大程度上阻碍了农地的流转,也不利于农地流转市场的健康发展。

目前关于农产品价格对农地流转影响的研究相对较少,而关于农业补贴对农地流转影响的研究主要集中在农业补贴主体不明确、农业补贴偏少、缺乏农地流转的直接补贴政策等方面。黄川认为我国现有的农业直接补贴的对象是耕地的承包者,这并没有体现国家鼓励农民种粮的初衷。[1] 武甲兴认为如果农业补贴太少,耕种土地没有收益,则不会有人愿意流转其农地,农地流转的需求意愿将不存在。[2] 刘克春、池泽新认为政府对农户农地流转行为缺乏直接的优惠政策支持,且现行农地流转政策对农户农地流转行为没有产生明显的影响。[3] 总体来看,目前农业补贴政策缺乏稳定性、有关主体骗取农业补贴等阻

---

[1] 黄川:《直接补贴政策对耕地可持续利用的影响分析》,载《中国农业银行武汉培训学院学报》,2010(2)。

[2] 武甲兴:《农地流转的障碍因素及其治理》,第三届珞珈国是论坛论文,武汉,2009。

[3] 刘克春、池泽新:《农业税费减免及粮食补贴、地租与农户农地转入行为——以江西省为例》,载《农业技术经济》,2008(1)。

碍农地流转的研究还较少。

一、农业补贴对农地流转的限制

世界贸易组织（WTO）《农业协定》规定的农业补贴分为两种类型。一类是政府对农业部门的所有投资或支持，由于不会对农业产出结构和农产品市场发生显著的扭曲性作用，一般称为"绿箱"政策，主要包括一般农业服务，如农业科研、病虫害控制、推广和咨询服务、农业基础设施建设等，粮食安全储备补贴，粮食援助补贴，与生产不挂钩的收入补贴，收入保险计划，自然灾害救济补贴，农业生产者退休或转业补贴，农业资源储备补贴，农业结构调整投资补贴，农业环境保护补贴及地区援助补贴等。[①] 另一类通常会对农产品产出结构和农产品市场造成直接明显的扭曲性影响，一般称为"黄箱"政策，主要包括政府对农产品的直接价格干预和补贴，种子、肥料、灌溉等农业投入品补贴，农产品营销贷款补贴，休耕补贴等。

我国在加入WTO之前已经实施了政府一般服务、粮食援助计划等6项"绿箱"政策对农业予以支持，同时实施了农产品最低收购价和农业投入补贴两项"黄箱"政策。[②] 目前，我国对农业的补贴政策主要采取税费减免和农业补贴形式。税费减免是指取消农业税；农业补贴主要包括粮食直补、良种补贴、农资综合补贴、农机购置补贴。我国目前主要的四大农业补贴均为受限制的"黄箱"补贴。[③] 虽然它们在一定程度上增加了农民的收入，但由于农业补贴政策在管理和监管上还存在一些不足，农业补贴实施过程产生了一些问题，在一定程度上阻碍了农地的正常流转。

[①] 程国强：《在"绿箱"与"黄箱"中做文章——透视中国农业补贴》，载《中国改革》，2001（9）。

[②] 杜芸、杨青：《WTO框架下我国农业补贴政策现状分析》，载《生态经济》，2010（3）。

[③] 曹帅、林海、曹慧：《中国农业补贴政策变动趋势及其影响分析》，载《公共管理学报》，2012（4）。

(一) 农业补贴归属不明确, 容易使农地流转产生纠纷

目前, 关于农业补贴发放对象的相关规定并未明确农业补贴的对象, 且农户在流转农地的过程中往往对农业补贴的归属没有做出明确说明, 因而随着农业补贴力度的增大, 流转双方容易产生纠纷。在目前的农地流转中, 农业补贴大多补给农地的流出方而不是真正的经营者, 这与农业补贴的初衷相背。[①] 如果将农业补贴补给农业经营者, 随着农业补贴的逐年增长, 流出方就会认为自己的利益受到侵害, 从而要求提高流转价格, 进而增加农地流出方毁约的风险, 扰乱农地流转市场的健康发展。2014 年中央一号文件指出要完善农业补贴政策, 积极开展改进农业补贴办法的试点实验, 提高农业补贴精准性、指向性, 但并没有对农业补贴的归属做出明确规定。因此, 农业补贴归属不明确, 仍是阻碍农地流转的显性因素。

(二) 农业补贴政策不稳定, 影响农民流转农地的积极性

稳定的政策环境是农地健康流转的前提条件。农业补贴政策不稳定容易造成流转主体思想混乱, 不利于农地流转的健康发展。农业补贴政策对种粮大户的直接补贴对农地流转的影响尤为重要。农业补贴的波动使农业经营的收益不稳定, 严重影响种粮大户的农地流转积极性。一些种粮大户本有扩大经营的想法, 但由于政策不稳定而放弃扩大经营; 有的甚至减小经营规模, 严重制约农地流转市场的健康发展。

专栏 6-2　山东省种粮大户补贴标准每年都有调整

根据《2012 年山东省种粮大户补贴试点工作方案》, 补贴对象为粮食种植面积在 300 亩及以上 (含小麦、玉米、水稻等粮食作物, 其中, 小麦或水稻的种植面积在 150 亩及以上) 的种粮大户。具体补贴标准: 种植面积在 4000 亩以上的, 每户给予定额补贴 100 万元; 种植面积在 4000 亩以下的, 每亩给予补贴 230 元。2013 年山东省种粮大户补贴标准调整如下: 种植面积在 150 亩及以上、1000 亩以下的, 每亩补贴 100 元; 种植面积在 1000 亩及以上的, 每户定额补贴 10 万元。而

[①] 杨博:《农业补贴政策对耕地流转影响的实证分析》, 硕士学位论文, 江西农业大学, 2013。

> 到了 2014 年，山东省种粮大户补贴标准又调整如下：150 亩及以上、500 亩以下的，每亩补贴 40 元；500 亩及以上的，每户定额补贴 2 万元。
>
> 资料来源：山东省财政厅。

（三）虚假"大户"频频滋生，影响农地正常流转

为促进农业规模化，各地政府都加大了农地流转的补贴力度，但在实施过程中产生了一些问题，其中骗取农地流转补贴的事件时有发生。由于农地流转的规模越大，农户获得的农地流转补贴就越高，因此一些农户和企业谎报农地流转面积骗取高额的农业补贴。还有一些"种粮大户"，只是将土地集中在自己手中，并不进行实际的农业经营，然后再将农地转包出去，骗取农业补贴，致使大量的农业补贴没有真正落到从事农业经营的种粮者手中。而一些地方政府，由于面临以农地流转为指标的政绩考核，对骗取农业补贴的现象采取放纵或睁一只眼闭一只眼的态度，进一步助长了骗取农业补贴行为，扰乱了正常的农地流转市场。

> **专栏 6-3　为骗取种粮补贴，男子伪造协议获刑**
>
> 山东省东营市的张某自 2011 年起，从某公司农业分公司租用"十四条田"地块种植小麦，每年签订一次土地承包协议。2012 年 9 月，张某得知土地承包期 5 年以上能申请种粮大户补贴款，便打起了补贴款的主意，但是自己才承包了一年的时间，不符合条件，于是张某便通过伪造土地承包协议，私自篡改协议中土地承包期限的方式，自 2012 年 9 月至 2013 年 2 月，骗取种粮大户补贴款 9 万元，被依法判处有期徒刑三年缓刑三年六个月，并处罚金两万元。
>
> 资料来源：齐鲁晚报，2014-07-14。

二、农产品价格对农地流转的限制

作为理性经济人，农户对经营农地与流转农地所得的收益进行比较在很大程度上决定了其农地流转行为。当农产品价格较低，农户经营农地的收益较低时，大量农民会流出农地，使农地流转的供给增加；

当农产品价格提高，农户经营农业的收益增加时，许多农民又会回到农业经营中，导致农地流转的需求增加。① 农产品是农民经营农地的直接产出，农产品价格的高低必然影响农户的农地流转行为。目前农产品价格对农地流转的影响，主要表现为农产品价格偏低且增长缓慢、部分农产品价格波动大，从而阻碍了农地流转。

（一）农产品流通体制不健全，导致农产品价格偏低

农产品流通体制不透明，导致农产品价格上涨的利润被农产品流通环节攫取，于是农产品价格上涨并没有使农民的收入提高。农产品流通大多以个体农户为主，即使他们通过农地流转获得较多的耕地，在农产品流通中也往往处于不利的地位。农产品价格受到农产品收购商的挤压，导致农民辛苦耕作却得不到应有的回报。以个体为单位的农户，掌握的农产品市场的供求信息只集中在过去和当前，不易对农产品价格的走势做出明确的判断，只能被动接受商贩的价格。这使得农产品价格流通的风险大多转移到农民的身上，极大地影响了农民种地的积极性。②

（二）农产品价格增长缓慢，农业经营利润空间缩小

近年来，农产品价格增长缓慢，而农资费用涨幅远大于农产品价格涨幅，再加上农地流转费用和人工成本不断提高，致使农业经营的成本不断上涨，极大地压缩了农业经营利润空间。同时，随着居民消费价格指数（consumer price index，CPI）不断上涨，农民经营农业的收益表面上虽有所增加，但农民的实际购买力不升反降，农民生活水平并没有提高。这就导致农户的农地转出意愿增强，但一般农户及种植大户等的转入意愿并不高，致使农地流转市场的供需矛盾加剧，不利于农地流转市场的健康发展。

---

① 牟燕：《农业政策调整对农地流转市场的影响：理论分析与实证研究》，硕士学位论文，南京农业大学，2007。

② 徐丽艳：《现阶段我国农产品流通体制存在问题及完善对策》，载《商业时代》，2010（21）。

> **专栏 6-4　农业经营利润空间缩小**
>
> 　　国家统计局资料显示，在 2003—2012 年这 10 年间，种植业生产价格每年平均上涨 8.6%，农业生产资料（化肥、农药、农用机油及其他）价格每年平均上涨 23.3%，居民消费价格指数每年平均上涨 3.3%。农民工工资（以建筑业为代表）在 2003—2012 年这 10 年间每年平均上涨 14.1%，远高于农产品价格增长幅度。
>
> 　　资料来源：国家统计局。

（三）农产品价格波动大，农地流转风险浮现

规模经营者在转入农地后，受农产品价格的影响，一般会改种收益较高的经济作物，但经济作物价格波动大，种植的风险就大。一些规模经营者缺少敏锐的市场警觉性，盲目跟风种植高收益作物，一旦农产品价格下跌，就会遭受较大的损失，甚至倾家荡产。农地转入者在经受较大损失后，会增加毁约的风险，于是农地转出者的利益也得不到保障，导致农户对农地流转持谨慎态度，不敢轻易转出农地。农产品价格的过度波动，增加了农地流转的风险，不利于农地的正常流转。

> **专栏 6-5　农地流转风险浮现**
>
> 　　山东省济南市郑家村的郑泉然共承包土地 170 多亩，其中有机菜花种植面积为 120 多亩。由于菜花采摘季节价格遭遇"滑铁卢"，郑泉然损失 20 多万元。受市场价格低迷影响的不止菜花种植户，郑家村的其他村民也陷入两难。据该村村民郑康民介绍，去年村里把 300 多亩土地承包给了几个外地人。后来，他们种上了香葱，不料今年香葱价格急转直下。目前郑康民已经联系不上这几个承包商了，但是这几个承包商还欠着下半年的承包钱。
>
> 　　资料来源：大众数字报，2014-06-30。

第三节　农业自然风险限制与农业保险供给不足

农业自然风险是指自然灾害导致的农业生产效益的不确定性。这

里的自然灾害主要是指危害农业生产过程从而导致生产者遭受财产损失的自然现象。自然灾害具有广泛性与区域性、频繁性与不确定性、一定的周期性与不重复性、高度相关性、危害严重性、不可避免性与可减轻性等特点。

农业自然风险降低了农业生产者的收益预期，而农业保险是化解农业自然风险的重要措施。农业保险是指保险经营机构为农户在农业生产过程中遭受的损失提供经济保障的手段。狭义的农业保险仅包括种植业保险和养殖业保险，而广义的农业保险对象除种植业和养殖业外还包括农户人身及财产保险。本节结合农业生产实际，主要针对狭义农业保险中的种植业保险进行分析。

一、山东省自然灾害频发，农业保险亟须完善

（一）山东省自然灾害现状

1. 自然灾害种类复杂多样

山东省位于我国东部沿海地区，地处黄海与渤海之间，属于典型的温带季风气候，地质构造复杂，地貌类型多样。地理位置以及地理环境的特殊性导致山东省常年经受各种自然灾害侵扰，尤其是旱涝灾害、干热风、大风、冰雹、台风、风暴潮等气象灾害多发。旱涝灾害是山东省最主要的自然灾害，春秋两季干旱、夏季涝灾频发是其一般规律。[①] 地质灾害如泥石流、塌陷等也经常发生。另外，农业、林业、畜牧业、渔业的病虫害等也给农民生产生活造成了巨大损失。

2. 自然灾害发生率高

山东省自然灾害发生频繁。旱灾是山东省发生频率最高的自然灾害。相关资料显示，新中国成立以来，山东省几乎每年都会发生旱灾。洪涝灾害是山东省第二大自然灾害，每隔几年就会出现一次。近年来，由于各种因素的影响，不仅旱涝灾害频发，其他自然灾害如风暴潮等也呈现越发频繁的趋势。

---

① 信忠保、谢志仁：《自然灾害对山东经济可持续发展的影响及对策》，载《灾害学》，2005（1）。

3. 自然灾害影响范围广，造成损失大

近年来，山东省自然灾害影响范围和造成的损失越来越大。以自然灾害发生最频繁的 2012 年为例，干旱、冰雹、洪涝、台风等自然灾害相继发生，特别是台风"达维"在日照市登陆，横穿山东 8 地市，致使临沂、德州、滨州等城市多次发生严重的洪涝灾害，给人民生命财产造成了巨大损失。山东省每年主要自然灾害的发生都会对几百万公顷的土地造成侵害。2003—2012 年，山东省自然灾害呈现面积较大且较稳定的态势（表 6-1）。以受灾最严重的 2003 年及最轻微的 2008 年为例，当年主要自然灾害受灾面积分别为 2632.0 千公顷及 672.3 千公顷，分别占山东省土地面积的 16.67% 和 4.26%。一般情况下，山东省每年主要自然灾害受灾面积都要达到山东省土地总面积的 13% 左右。

表 6-1　2003—2012 年山东省主要自然灾害受灾面积

单位：千公顷

年份	2003	2004	2005	2006	2007	2008	2009	2010	2011	2012
受灾总面积	2632.0	2119.1	1779.8	1880.1	1865.4	672.3	2341.9	2582.3	2117.2	1822.6
水灾受灾面积	1530.0	717.0	524.0	366.5	632.0	121.4	761.1	1544.7	567.7	342.4
旱灾受灾面积	857.0	276.6	356.2	1026.0	530.8	256.0	1174.7	585.5	1294.9	673.3
风雹灾受灾面积	245.0	797.9	170.0	452.6	302.0	260.0	175.2	75.7	107.3	215.1
冷冻灾受灾面积	—	147.0	375.0	35.0	370.7	31.8	230.9	376.4	20.8	—

数据来源：《中国统计年鉴（2003—2012 年）》。

专栏 6-6　2014 年山东旱情严重

2014 年 6 月以来，山东省降水量比历年同期偏少近一半，加之天气持续高温晴热，致使农田土壤失墒严重，旱情迅速蔓延。截至 7 月 18 日，山东省 8500 多万亩农作物中有 1282 万亩受旱，50 余万人出现

临时性饮水困难。截至 8 月 7 日，山东省干旱受灾地区已从 5 市 21 个县（市、区）增加到 8 市 29 个县（市、区），受灾人数最多达到 576 万人。其中，24.2 万人因干旱需生活救助；19.5 万人因干旱饮水困难需救助；2.8 万头（只）大牲畜饮水困难；农作物受灾面积达 565.5 千公顷，其中绝收 73.9 千公顷，占全国 13 个省份农作物绝收面积 613.8 千公顷的 1/10 多。灾情损失仅次于河南。从 7 月 24 日至 8 月 7 日，山东省平均一周旱灾损失就接近亿元，直接经济损失高达 38.8 亿元。

资料来源：山东省防汛抗旱总指挥部，2014 年 8 月。

自然灾害不仅使土地大面积受灾，更使人民生命财产安全受到直接威胁。从 2010—2012 年的数据看，山东省每年自然灾害受灾人数都在千万以上，死亡人数都在 10 人以上，自然灾害造成的经济损失都高达数百亿元，见表 6-2。

表 6-2 2010—2012 年山东省主要自然灾害受灾损失情况

年份	2012 年	2011 年	2010 年
自然灾害受灾人口（万人次）	1940.3	3083.3	2226.3
自然灾害受灾死亡人口（人）	16	12	12
自然灾害直接经济损失（亿元）	244.8	147.5	205.4

数据来源：《中国统计年鉴（2010—2012 年）》。

(二) 农业保险快速发展但仍供给不足

在山东省这样的自然灾害高发地区，自然灾害每年都会给种植户造成巨大损失，使得农业保险的推广和实施显得尤为重要。20 世纪 30 年代，我国农业保险水平几乎与世界发达国家同步。后来由于各种因素，我国农业保险发展停滞不前甚至倒退。自 1995 年中央发文禁止各级政府参与商业保险运作起，农业保险发展进入了停滞期。随着农业生产的不断进步，国家也逐渐认识到农业保险的必要性和重要性，所以 21 世纪以来，不断出台相应政策支持农业保险规范发展。

2003 年，党的十六届三中全会提出建立农业保险制度，使我国农业保险开始焕发新的生机。2012 年，我国发布《农业保险条例》，构建了中国特色农业保险体系框架。2014年8月，国务院发布《关于加快发展现代保险服务业的若干意见》，为我国农业保险的发展注入了新的动力。截至2013年，我国农业保险保费规模已达到了306.7亿元，而2006年这个数字只有8.5亿元，几年间平均增速超过66.0%。[①] 山东省作为农业大省，近年来其农业保险业务量不断攀升，增长势头十分迅猛。据相关资料统计，2013年山东省农业保险原保险保费收入为10.0亿元，同比增长15.7%，赔款支出为10.7亿元，同比增长29.8%，投保农户达1721.2万户次。尽管近年来农业保险业务量实现了跨越式发展，但仍存在许多问题亟待解决。

1. 农业合作社与农业龙头企业对农业保险的需求强烈，但农业保险供给不足

受农业产业化、规模化、现代化的影响，许多地区的农民将农地流转给农业龙头企业或种粮大户，然后种粮大户成立农业合作社。此种集约化经营方式不同于传统家庭农业耕作模式，会将自然灾害带来的风险集中化。若自然灾害发生，种植大户与农业龙头企业将会遭受巨大经济损失。在这种背景下，农业合作社与农业龙头企业对农业保险需求强烈，但现阶段农业保险缺口较大，与强烈的需求形成了尖锐矛盾。

2. 农业保险产品种类不断更新，但覆盖面仍需扩展

随着农业保险逐渐被认可及业务量不断攀升，山东省农业保险业务范围除基础农作物保险外，又增加了政策性农业保险承保险种，扩展了农业保险覆盖面，如花生、能繁母猪、育肥猪、奶牛、公益林和商业林保险为中央财政补贴险种，日光温室、苹果、桃保险为地方财政补贴险种，基本涵盖了农业、林业、牧业和渔业。但由于农业保险标的的生命性、地域性、季节性、专业技术性以及保险公司控制成本的需求，险种覆盖面仍然较窄，更新也较慢。

3. 保险企业的逐利行为与农户的侥幸心理，阻滞了涉农保险的积极性

农业保险的准公共物品属性使得保险公司承保农业风险时承担了大部分本应该由社会承担的成本，所以其边际私人成本高于边际社会成

[①] 刘艾琳：《〈中国农业保险市场需求调查报告〉首发：赔款太低是农民不愿购买保险主要原因》，载《21世纪经济报道》，2014-09-11。

本，而边际私人收益却低于边际社会收益。农业保险业务的各环节都需要专业技术力量进行支持，同时农业保险投保标的分散性以及自然灾害发生后的损失勘定都对保险从业人员的专业素养提出了近乎严苛的要求。深入基层农村拓展农业保险业务，进行复杂且烦冗的工作所带来的巨大支出则直接显现出农业保险高昂的运行成本。农业保险标的特殊性使得农业保险有别于普通商业保险的险种，导致农业保险业务利润率低甚至"赔本赚吆喝"。尽管国家政策及财政对农业保险给予了巨大支持，但以利润最大化为目标的商业保险公司对于发展农业保险的积极性并不高，只是在国家硬性政策要求下开展相关业务，趋向于选择小于社会最佳规模的量进行生产，从而造成农业保险供给不足。①

我国农民收入偏低且不稳定。2013年山东省农村居民家庭人均纯收入仅为10619.9元，与发达国家相比处于较低水平。虽然我国对农业保险保费进行财政补贴，但是农业生产的分散性以及农民购买力的低端性使得农民自己承担部分保费仍会给自身带来负担，加之部分农民对于自然灾害风险存有侥幸心理以及对农业保险认识不足，导致部分农民参与农业保险的积极性不高。

4. 农业保险运行机制不健全，基层服务网络尚不完善

我国农业保险发展至今已经取得了长足进步，但相比于发达国家还处于发展的初期阶段，运行机制存在一定问题。运行机制不完善主要体现为农业保险经营的不规范性。首先，我国农业保险较为粗放，缺乏科学专业的经营。由于风险分区和费率分区程度低，我国农业保险费率厘定较为粗糙。到目前为止，种植业保险仍然缺乏一套经过科学精算得出的保险费率方案。② 其次，在农业保险宣传上，相较于其他商业保险的无孔不入、无微不至，保险公司做得并不出色，导致农民对保险条款不理解或误读。最后，我国各级地方政府制定的农业保险财政补贴标准也存在一定的不科学性，导致不同地区农业保险的发展状况参差不齐。

由于农业保险风险大，经营缺乏稳定性以及构建成熟的基层服务网络

---

① 房燕青：《我国农业保险实践中的困境分析》，载《特区经济》，2014 (5)。
② 聂建亮、叶涛、王俊等：《基于双尺度产量统计模型的农作物多灾种产量险费率厘定研究》，载《保险研究》，2012 (10)。

具有巨大的成本性，加之国家财政支持有限，保险公司对大规模开展农业保险基层服务网络建设不积极。各保险公司位于基层的服务网络都亟待完善，尤其在业务渠道拓展、组织机构建设、工作人员专业化水平提高以及农业保险专业人员数量增加等方面还不尽如人意。

5. 农业保险保障程度有待提高

我国是农业大国，虽然国家财政提供了大批资金对农业保险进行补贴，但农业保险仍存在保障程度较低的问题。2015年山东省对农业保险费率进行调整，使小麦、玉米和棉花保费上调幅度平均达50%。各级财政补贴占保费的80%，农户自己承担20%。调整后小麦、玉米和棉花这三种农险每亩的保险金额分别为375元、350元和500元。而根据课题组调查，在这三种作物收获前，农户前期的物料投入就已经大于这些金额。当灾害真正发生时，农业保险赔付金额相对于农户的损失只能算是杯水车薪，尚不能支付农户的物化成本，使种粮大户及龙头企业遭受巨大的经济损失，从而直接导致农户对农业保险的信任度降低。

以山东省某县为例，2014年该县政策性保险参保农作物为小麦、玉米和棉花三大农作物，参保面积达98.92万亩，其中小麦达48.32万亩，玉米达36.82万亩，棉花达13.78万亩，较2013年增加17.40万亩。签单保费为1099.44万元，其中小麦为483.20万元，玉米为368.20万元，棉花为248.04万元。2014年该县遭受大风倒伏、雹灾等自然灾害，受灾面积达1.02万亩，灾后预计理赔金额共计125.03万元。其中，小麦倒伏0.08万亩，理赔5.05万元，每亩理赔约64元；玉米雹灾0.48万亩，理赔21.75万元，每亩理赔约45元；棉花雹灾0.46万亩，理赔98.23万元，每亩理赔约216元。[1] 以上数字显示，保险公司给予每亩农作物的灾害理赔款实在少得可怜，少于农民的生产性投入，更远少于每亩的预期收益。而且理赔条件非常苛刻，很多受灾面积得不到任何补偿，使"农民投保赚生气"，不仅挫伤了农民投保的积极性，而且降低了农民对保险公司的信任度。由于缴纳农业保险时，政府出大头，农民出小头，对不少农民尤其是小农户而言，

---

[1] 资料来源：新农网，2014-12-23。

农业保险成了"食之无味,弃之可惜"的鸡肋。

> **专栏 6-7　农户对农业保险的认知及购买意愿调查**
>
> 2015年9月、10月,课题组选择山东省日照市的东港区、岚山区、五莲县、莒县的11个乡镇,就农户对农业保险的认知及购买意愿进行问卷调查并开展实地访谈,共发放调查问卷300份,经整理筛选得到有效问卷274份,结果如下。
>
> 表 6-3　样本农户对农业保险的基本认知
>
> | 保险认知情况 | 选项 | 样本数(户) |
> | --- | --- | --- |
> | 了解各种保险的主要途径 | 广播电视 | 114 |
> | | 网络 | 26 |
> | | 村里人及村干部 | 74 |
> | | 广告 | 41 |
> | | 保险公司人员 | 19 |
> | 对保险公司的信任程度 | 非常信任 | 25 |
> | | 比较信任 | 142 |
> | | 一般 | 76 |
> | | 较不信任 | 29 |
> | | 完全不信任 | 2 |
> | 是否听说过农业保险 | 是 | 274 |
> | | 否 | 0 |
> | 认为农业保险是 | 分散灾害损失的办法 | 143 |
> | | 乱收费 | 14 |
> | | 政府救济的有效办法 | 64 |
> | | 企业挣钱名目 | 51 |
> | | 其他 | 2 |
> | 是否听说过农业保险保费补贴 | 是 | 271 |
> | | 否 | 3 |
>
> 由表6-3可知,受访农户了解各种保险的主要渠道是广播电视和村里人及村干部的宣传,分别占样本总数的41.61%和27.01%,而

通过保险公司人员了解的只有6.93%,且农户对于这一渠道显示出一定的排斥情绪。对保险公司,60.95%的农户显示出信任的态度,但是也有11.31%的农户显示出对保险公司的不信任,说明农业保险在农村的推广仍然需要加大力度并注意方式方法。受访农户皆表示听说过农业保险这一险种,并且98.91%的农户都听说过政府对于农业保险的保费补贴。75.55%的受访农户认为农业保险是分散灾害损失和政府救济的重要途径,说明农业保险的前景较为乐观。但是在这些受访者中,23.72%的农户认为农业保险不过是乱收费项目或者是保险公司赚钱的明目,这说明农业保险推广和实施过程仍存在一定问题和漏洞。

表6-4 样本农户的农业保险购买意愿

农业保险购买意愿	选项	样本数(户)
是否愿意购买农业保险(综合保费补贴等因素)	愿意	182
	不愿意	57
	视情况而定	35
农业保险对分散农业自然风险的重要性	非常重要	23
	比较重要	139
	一般重要	76
	不重要	29
	完全不重要	7
是否购买了农业保险	是	205
	否	69
保费如何缴纳	村干部或保险公司上门催缴	62
	自己主动缴纳	117
	他人代收	26
购买农业保险或理赔过程中主要的困难	保险条款难以理解	161
	报损渠道不清楚	187
	对理赔程序或手续不清楚	194
是否获得过农业保险赔偿	是	80
	否	125
是否准备继续购买农业保险	是	172
	否	33

由表6-4可知，愿意购买农业保险的农户占样本农户总数的66.42%，而不愿意购买的农户的比例为20.80%，此外还有12.78%的农户持观望态度。59.12%的受访农户认为农业保险对分散农业自然风险具有相对重要的作用，还有27.72%的农户认为农业保险只起到了一般作用。在受访农户中，74.82%的农户曾购买过农业保险，并且83.90%的受访农户表示准备继续购买农业保险，其中57.07%的农户主动缴纳保险，12.68%的农户通过他人代收缴保费。由此可见，农业保险业务在农村的扩展仍然有较大空间。但是绝大多数购买农业保险的农户都存在着无法理解保险条款、不了解报损渠道以及不清楚理赔程序或手续的问题，这就给农户正当维护自身权益以及保险公司继续拓展农业保险业务带来了困难。

表6-5为样本农户中不同农地经营规模农户的农业保险投保情况。可以看出，样本农户从事农业生产的种植面积集中于11亩以下；种植面积2亩以下的农户数为149户，占总数的54.38%；种植2～5亩的农户数占总数的22.99%。不同农地规模农户的投保情况不尽相同，基本上农户的参保比例随农户种植面积的增大而增大。

表6-5 不同农地经营规模农户的投保意愿

种植面积（亩）	<2	2～5	5～8	8～11	14～17	>17
农户数（户）	149	63	28	17	4	1
占样本比例	54.38%	22.99%	10.22%	6.20%	1.46%	0.36%
参保户数（户）	108	47	23	14	3	1
参保比例	72.48%	74.60%	82.14%	82.35%	75%	100%

农户收入结构是影响农户参加农业保险的重要因素。种植业收入占农户家庭总收入比例不同，农户参加农业保险的比例也不相同。由表6-6可知，样本农户种植业收入占家庭总收入10%～20%的户数最多，达83户；其次为20%～30%的农户数量，占总数的29.56%。而参保比例最高的是种植收入占总收入40%以上的农户，达到了88%；再次是种植业收入占总收入30%～40%的农户，参保比例为83.78%。可见农户参保比例基本随其种植业收入占家庭总收入比重的增加而增加。

表 6-6 不同收入比例农户的投保意愿

种植业占家庭总收入比例	<10%	10%~20%	20%~30%	30%~40%	>40%
农户数（户）	48	83	81	37	25
占样本比例	17.52%	30.29%	29.56%	13.50%	9.12%
参保农户数（户）	27	63	62	31	22
参保比例	56.25%	75.90%	76.54%	83.78%	88%

资料来源：课题组专题调研资料，2015 年。

二、自然灾害限制与农业保险供给不足对农地流转的影响

（一）对农地转入方的影响

1. 农地流转积极性降低

（1）农业保险保障不完善，转入方资金压力大

在农业保险尚未完善的情况下，在农地未流转时，若发生自然灾害，自然灾害所造成的损失由分散的个体农户承担，压力相对较小；在农地流转后，自然灾害风险就会全部转移至农地转入方，所以转入方在转入农地时会有这方面的顾虑，若不能得到有效保障，其流转意愿就会有所降低。

农地转入方在投资农业生产前期便需要大量资金，若遇自然灾害，无法获得相当数目的赔偿，很容易受到资金周转问题的困扰，致使自己举债经营甚至无力继续经营。这便会造成农地转入方资金压力过大，严重影响其进一步转入土地的积极性。

（2）农地转入方应对自然灾害导致精力不足，难以扩大流转规模

自然灾害会对作物收成甚至后续作物的种植造成影响，所以灾害发生后，农地转入方会将工作重点放在恢复生产及灾后重建上，需要花费大部分时间、精力及资金，此时很难有多余精力再转入土地以扩大生产。

（3）农地转入方对风险进行规避致其流转积极性降低

作为追求利益最大化的理性经济人，农地转入方遭受自然灾害损

失后通过保险获得的赔偿无法弥补其损失的情况，往往会给转入方带来心理阴影。这时转入方的直接反应就是趋于对自然灾害的规避而停止继续转入土地甚至减少土地持有量。

2. 农地流转纠纷产生的可能性增加

在农业保险尚未完善的情况下，自然灾害造成的巨大经济损失很可能造成转入方资金缺乏甚至资金链断裂，这就容易产生转入方拖欠农民租金、撂荒等问题。这些道德甚至法律层面的问题不仅对农地流转市场造成不利影响，甚至会对社会稳定及发展带来危害。

（二）对农地转出方的影响

1. 农民将土地看作生活保障而不愿流转

农民对农业生产收益的期望值虽然不高，但他们一般认为只要有土地就有生活保障。现阶段农业生产仍然是不少农民赖以为生的营生，加之农民中不乏种粮能手，所以他们转出农地的积极性自然就不高。现在农业保险尚未发展成熟，因此农民从事农业生产仍然存在一定风险。若发生自然灾害，未流转农地的农民很可能因此撂荒，希望等到合适年份再进行农业生产，这就会造成土地资源的浪费。日后农业保险发展成熟后，农民进行农业生产活动没有了后顾之忧，会更乐意将土地作为生活保障而不是将其流转。

2. 自然灾害发生后农民低价流转土地，利益受到损害

自然灾害的发生势必会影响农地流转价格，此时农地流转价格会低于正常状况下的交易价格。农业保险不完善，导致部分以农业生产收益为主要经济来源的农户在遭受自然灾害后会陷入困境，这部分农户很可能为维持生活而低价转出土地。而在农地流转价格恢复正常后，农户很难再按正常价格获得转让费，一定时期内又很难赎回土地经营权，这无疑对经历了自然灾害损失的农户造成了二次伤害。

第四节 农地流转市场发育不健全

农地流转市场的健康发展对健全农村市场体系、促进农地节约集约经营、优化农地资源配置、促进地方经济发展及增加农民收益具有

重要作用。随着山东省新型城镇化和农业现代化进程的不断推进，农地流转市场的发展也越来越受到人们的关注。农地流转市场尚处初级发育阶段，在运行过程中暴露出诸多问题。

一、市场供求障碍因素较多，限制了农地流转规模

在农地流转过程中，稳定的农地供求是保证市场正常运行的动力。在正常市场条件下，平衡稳定的供求机制的缺失，会引起农地承包经营权价格的动荡，这不仅影响农地市场的正常运转和农地资源优化配置，还会在很大程度上损害供求双方的利益。主要表现如下。

（一）市场地位不对等，影响农地流转的市场供求

目前，山东省并没有普适性的农地市场交易价格参考体系和通用的市场价格评估机制，使得现实操作可能出现价格频繁变化的状况。而作为供给方的农民群体普遍具有文化程度偏低、对基于农地效益的农地价格认识不足、对农地管理相关制度政策认知不到位等特征。这些都导致农民群体作为土地供给者在交易过程中处于弱势地位。

山东省恪行家庭联产承包责任制，在分田到户的大背景下，加之山东省农民群体数量巨大，以至于农民个体手中所拥有的土地并不多，但是追求规模效益的土地需求者往往不愿意转入小面积土地。因此，这种基于集体经济组织成员土地均分诉求下的土地细碎化，也是农民作为农地流转市场中的供给者处于弱势地位的原因。

项目组在济宁市兖州区的调研中发现，随着农地流转的进行，土地稀缺性逐渐凸显。有部分农民不愿意将承包地租给种田大户或家庭农场，而这些地块就在一些种田大户或家庭农场经营的土地中间，造成种田大户和家庭农场难以集中连片经营，难以继续扩大经营规模。所以后来很多需求者为了防止这种现象发生，就放弃转入小地块，其转入对象主要是成规模的地块，这也在一定程度上对农地流转市场的发育和运转带来负面影响。

此外，农地市场具有不同于一般商品市场的特殊性，即它有一定

的空间地域性和不可移动性。① 这种资源的空间局限性使得供给者只能寻求有特定要求的需求者，而需求者可以根据自身需求去选择。对于土地资源质量不高的地区的供给者来讲，他们很可能由于资源禀赋对比差异而在市场交易中占据劣势。

（二）社会保障体系不健全，影响农地流转的市场供给

在农户的传统思想中，土地是安身立命的根本，也是自己及家人的基本生活保障。世代传统的农村生活也使得这种思想更加根深蒂固。而对于流入城市的农村劳动力来讲，土地可以作为他们最后的生存保障。尽管山东省已初步建立了农村社会保障体系，但由于保障水平不高、覆盖面窄等，农民仍把土地视为生产和生活的最后保障，对农地流转后的生活还有顾虑。② 出于规避生存风险的考量，加之农业现代化水平的提高，极少数劳动力即可完成从播种到收获的全过程，而且农忙时还有很多农村劳动力从事农业生产，使得农地直接经营变得越来越容易，这都导致很多农民不愿转出手中的承包土地。

随着新型城镇化进程的不断推进以及农村劳动力不断向其他行业转移，农地粗放经营、撂荒等问题逐渐凸显，这在很大程度上影响了农地资源的高效利用。

（三）金融、保险、土地等相关政策约束较多，制约了农地流转规模的扩大

从事农业专业经营的种粮大户与家庭农场，在经营初期往往比较集中地进行一次性投入，因此需要大量资金，但他们多数并没有太多固定资金，且在现行融资政策下，他们的大部分前期投入无法获取银行贷款，这就制约了他们经营规模的继续扩大。

经营土地越多，规模经营主体所承担的自然风险也就越大。根据现有农业保险政策，一旦遭受大的自然灾害甚至绝产，每亩小麦仅能获赔320元，每亩玉米仅能获赔300元。因此，一旦遭受大面积自然

---

① 牟燕、郭忠兴：《农村土地流转市场失灵的博弈分析》，载《国土资源科技管理》，2006（1）。

② 赵美玲、杨秀萍、王素斋：《农村土地承包经营权流转：现状、问题与对策》，载《长白学刊》，2010（6）。

灾害，规模经营主体将会承担非常大的损失。

管理用地对于规模经营来讲是必不可少的，但是由于我国严格的基本农田保护制度，不超过流转规模5‰的建设管理用地的政策难以落实到位。不少规模经营主体由于缺少管理用地而遭遇经营困难，甚至遭受损失。以济宁市兖州区为例，不少种粮大户、家庭农场因为缺少存放农机、粮食的仓储场所及作物晾晒的场地，每年秋季收获玉米时，无处堆放、晾晒几十万斤甚至上百万斤的粮食，一旦遇到连续的阴雨天气，就会遭受不小的损失。

政策的硬性规定使得种粮大户和家庭农场的继续发展受到一定限制，使他们的转入意愿也随之减弱，这也在一定程度上阻碍了农地流转和农地资源优化配置。

（四）收益预期不明确，使农地流转市场驱动力不足

土地是传统农民的主要收入来源。在流转之前，农户必定会对流转收益预期和土地直接经营收益预期做比对，只有在符合利益要求的情况下才会流转土地。

以济宁市兖州区为例，2014年所发生的用于粮食耕种的土地流转价格基本为1000～1200元/亩，而流转之后用于苗木种植的价格则为1500～1800元/亩。由此可见，经营类型的改变会对农地流转价格造成很大影响。而对于大部分农民来讲，他们基于对经济效益的诉求，更加倾向于将农地流转给从事苗木种植的需求者，而苗木种植受区位条件和土地用途管制制度的制约，数量相对有限，这就造成了很多农民在流转比较收益不高的情况下选择保有手中土地。这就很可能造成市场供需失衡，不利于农地流转市场正常运转。

二、价格形成机制不完善，阻碍了农地流转市场的合理运转

合理的农地流转价格是农地流转市场正常运转的重要基础之一，而且流转价格也是市场运行状况的客观反映，更是供求双方选择进入市场的重要参考因素。同时，市场交易价格也是政府进行宏观调控的重要手段之一。

(一) 缺乏完善的参考体系，价格制定标准不明确

山东省农地流转尚处于发展阶段，并没有完善的历史价格体系可以参考。横向上，由于各省农地流转管理机制和自然状况、产出效益存在差异，其他省份的流转价格体系对于山东省来讲实用性并不明显。在市场交易过程中，交易价格的制定往往具有很大的模糊性，其制定的依据往往比较单一，比如土地质量或年产出效益等，这些制定依据往往不具有普遍参考性。同时，由于市场体系尚不健全，我国缺少公信度高的机构为交易提供具有实际价值的价格参考。

在自发性占据主导地位的市场交易中，对于需求者来讲，由于缺少通用的价格参考体系，出于自身利益考虑，他们往往会压低价格，加之农民群体对流转价格认知并不明确，最后可能导致供给者利益受损。

(二) 价格调控机制缺失，市场价格混乱

山东省土地市场尚处于发展阶段，公权力监管部分也尚不明确。虽然政府有意对市场交易加以调控，但由于相关制度缺失，政府监管力度和范围尚未能全面覆盖土地市场，对交易价格的调控力度还有待加强。

政府或集体经济组织的统一流转多出于公共利益的考量。地方政府出于促进本地经济发展、保障农民利益的目的，统筹考虑多方面影响因素，一般将交易价格定得较高。受近几年物价连续上涨及高收益农业项目大量增加的影响，农地转出的期望价格与交易价格也随之连年上涨。在济宁市兖州区，2014年用于粮食、苗木作物种植的土地流转价格较之从前已经有所攀升，且仍有上涨的趋势。部分农民受土地出租收益大幅上涨的刺激，直接提出加价，甚至提出收回原来转出的土地，这在很大程度上影响了农地规模经营和农地使用效率，制约了种植大户、家庭农场进一步转入土地的积极性，也增加了他们的经营风险。

对于不成熟的流转市场来讲，缺乏宏观调控，仅靠市场自发机制，有关主体往往很难控制市场价格的浮动。变化的市场价格又会反馈给供求双方，成为供求双方进行决策的重要参考因素。由于地租收益对

土地供给起着决定性作用①，在不满足收益预期的情况下，供给者可能选择退出市场，转而改变土地用途或者继续撂荒。而对于需求者来讲，他们会对交易价格和经营收益预期进行对比，在达不到理想状况的条件下，可能选择退出市场，选择其他投资方向。以上行为都会影响到市场的正常运转，也会对农地的规模经营以及土地资源的合理配置造成很大的负面影响。

三、市场组分不完善，难以有效发挥市场机制在农地流转中的积极作用

对比其他成熟的要素市场，处于初步发育阶段的山东省农地流转市场的各功能组分尚不完善，主要表现为缺乏成熟规范的交易平台和信息平台。

（一）缺乏规范的公共交易平台，风险增加

由于现阶段农民个体进入市场多是自发的，而且农民本身对市场并没有清晰的认识，这就会导致不规范交易行为的出现。项目组通过实地走访发现，在实际生产生活中，由于很多农民都是将土地转租给亲戚或周边熟悉的人，加之农村传统价值观的惯性，他们很少签订流转协议或合同，仅仅进行口头约定，而且这种流转很多都是自发进行的，没有进行登记备案。这种不规范的流转行为很容易引起交易纠纷，不利于农地流转市场的健康发展，也是影响农村安定和谐的隐患。

（二）中介发展缓慢，信息对接不及时

当前我国农村土地市场中介体系不配套，信息服务残缺，使得农户为获取信息增加了过高的交易成本。② 而在山东省，农民群体整体受教育程度较低且生活环境较闭塞，在与农地市场的联系方面存在着时间和空间上的距离。同时，山东省农地市场中介服务发展较为落后，信息传播覆盖面小，对市场的刺激力度不大。这种信息传播不及时、

---

① 论卫星、杨林生：《农业散户与农业大户间土地流转障碍探析》，载《商业研究》，2014（5）。

② 牟燕、郭忠兴：《农村土地流转市场失灵的博弈分析》，载《国土资源科技管理》，2006（1）。

不到位所造成的供需信息不对称,也是阻碍农地市场进一步发展的重要因素。

(三) 后期监管不力,"非粮化"现象严重

在收益方面,单纯进行粮食经营,相较于经营其他经济作物存在较大差距,这就导致经营者流入土地之后,种植粮食作物的意愿不强。同时,随着农资农具价格不断攀升,农地流转费用不断提升,规模经营主体融资难度和成本日益增加,最终转入方放弃种植粮食作物,转而选择经营收益较高的经济作物。

山东省农业厅数据显示,农地流转"非粮化"现象比较普遍。农地流转前粮食的种植比例是70%以上,流转后下降到30%左右。2013年,山东省全省流转土地用于种植粮食作物的耕地比例为31.9%。[1] 2013年4月至8月,西北农林科技大学"粮食主产区土地流转的现状及机制构建"项目组曾对河北、河南、山东、安徽的土地流转进行了深入调查。结果显示,这4个粮食主产省农地流转的"非粮化率"达61.1%,且流转规模越大,"非粮化"倾向越明显。[2]

规模经营主体为了提高收益而放弃种植粮食作物,这在一定程度上威胁到了国家的粮食安全。同时,收益的提高会刺激土地供给者的流转价格预期,这就会导致地租攀升,增加了真正的种植业大户转入土地的难度和经济负担。长此以往,农地流转就会形成恶性循环,威胁到农业经济的健康发展。虽然地方政府有意规范,但大多以劝导的形式进行,收效甚微。

此外,下乡的工商资本为了追求更高的经济利益而变更土地用途的现象也大量存在:有的将本来用于粮食种植的土地擅自变更为生态花园等旅游用地,有的搭建厂房进行非农生产,有的甚至变相进行房地产开发。

由此可见,后期监管不到位,导致农地"非粮化"和农地"非农化"现象严重。经营类型的转变虽然可以短时间内提高经营主体效益,

---

[1] 数据来源:山东省农业厅经管处。
[2] 周怀龙:《如何走出土地流转"非粮化"困局》,载《国土资源》,2014 (8)。

但是从长远来看，它威胁到了我国的粮食安全，不利于农业的长足发展，更干扰了农地流转市场的正常发育。

第五节 政府在农地流转管理中的缺陷

在农地流转中，政府扮演着管理者角色。只有充分发挥各级政府的管理职能，加强对农地流转的管理，才能不断促进农地流转市场的发育，保护农民的合法权益，消除农地流转障碍，才能为推进农地有序、健康地流转创造有利条件。

当前，各级政府对农地流转非常重视，出台政策，优化环境，规范程序，典型引导，取得了很大成效，有力推进了农地流转。但农地流转管理也存在不少问题，主要表现为有些地方政府在微观管理中的角色定位不准确与职能履行欠缺，以及宏观管理中的土地利用总体规划存在缺陷，在一定程度上制约了农地流转。

一、政府在农地流转中的越位问题

在农地流转过程中，一些基层政府偏离了服务者、引导者、监管者和农民利益保护者的角色定位，有的甚至转变成了土地垄断供给者和流转利益争夺者，不仅严重损害了农民的合法权益，也阻碍了农地流转工作的顺利推进，主要表现如下。①强制流转。有些乡镇政府不顾农民意愿，采用行政命令的办法，利用职权强制农民进行农地流转；有的甚至在农民不知情的情况下私下安排流转，引发了很多矛盾甚至冲突。②流转寻租。一些乡镇政府联合集体经济组织，以规模经营为由，强制以低价从农民手中收回承包土地，又以高价转让给工商资本或种粮大户，从中赚取差价；有的甚至截留、挪用流转款，损害了农民利益，导致农户上访维权，增加了农村不稳定因素。③急功近利，越俎代庖。一些县、乡政府出于发展现代农业、规模经营或者政绩考虑，不顾本地实际，强力推进农地流转，动辄建设万亩产业基地、万亩农业园区等形象工程，采用行政命令强树农地流转样板乡、样板村，导致农地流而不转、转而不用、用而不成；一些县、乡政府在招商引资、规模经营等行动中，不经农户授权就与投资者订立农地流转协议，然后由村委会、村民小组通知农户，这种"强制流转"或"被流转"，剥夺了农户的主体地位，使农地流转纠纷层出不穷。

二、政府在农地流转中的缺位问题

有些地方基层政府对农地流转的态度消极、无所作为，有的甚至不管不问、放任自流，其服务、引导、监管以及为农民维权的职能发挥不到位或者缺位，迟滞了农地流转的健康发展，主要表现在如下几个方面。

（一）公共服务滞后

一是不少县政府及乡镇政府的农地流转服务平台尚未建立起来；有的虽已建立，但缺编制、缺经费、缺制度、缺设施、缺空间，在信息收集与整理发布、政策咨询服务、地力测评、地价评估、合同服务、纠纷调处等方面的功能很不健全。二是有的地方的农地确权工作进展缓慢，经费不到位，组织领导不力，致使确权结果面积不准、界址不清、权属主体错位混乱，从而使权属纠纷此起彼伏。此外，有的地方的农地权属登记工作滞后，总登记、初始登记、变更登记、负担登记等体系尚不健全，无法起到产权保护和定权止纷的作用。流转服务平台不健全、权属管理不完善，往往使农地流转信息不对称、流转渠道不畅通、交易成本过高，阻碍了农地流转。

（二）宣传引导不力

农民的知识文化水平相对较低，对国家有关农地流转的法律政策不熟悉，理解不透彻，认识不到位，甚至有误解，这就需要地方政府进行宣传引导。但是，一些地方官员对土地承包经营权流转的相关政策和法律法规的宣传普及意识较弱，宣传手段单一，针对性不强，粗枝大叶，讲解分析不到位，致使宣讲效果不佳，难以打消农民的疑虑。

（三）流转管理不规范

有些县没能根据本地实际制定切实可行、可操作性强的农地流转办法，对流转方式、流转程序、流转合同签订、权属登记、争议调处等缺少明确规定，致使不少县、乡土地流转市场没有真正建立起来，使流转处于自发、无序甚至混乱状态。此外，不少地方没有提供相应的农地流转优惠政策，有的虽有激励政策但不稳定。例如，有的地方对家庭农场、种粮大户的补贴标准一年一变，没有建立起促进农地流转的长效机制。

（四）监督机制不健全

一是有的地方没有建立流转行政仲裁机构，不能及时调节和仲裁合同纠纷，致使流转双方的合法权益尤其是作为弱势一方的农民的合法权益受到损害。二是有的地方对合同的履行监管不力，致使农地流转风险没有规避保障。例如，有些农业开发公司大规模转入土地后，一旦遇到经营困境，往往撤资走人，导致土地没法种、租金没人给，不但给农民带来极大的经济损失，而且严重破坏农民流转土地的信心。三是有的地方对违规流转缺乏有效的监督和惩罚措施。例如，有的农业开发公司任意改变土地的农业用途，在基本农田上植树造林、挖塘养殖，甚至用来建坟、建房、建窑、办企业等，严重违反土地利用总体规划和用途管制规则，导致土地流转结果混乱。

三、土地利用总体规划的缺陷问题

土地利用总体规划尤其是乡镇级规划是政府宏观管理土地的重要手段，也是农地流转的基本依据。土地利用总体规划是在一定区域范围内，根据当地自然和社会经济条件以及国民经济发展的需要，对土地资源的利用结构和布局进行的一种战略性安排。我国土地利用总体规划包括全国、省、地（市）、县（市）、乡（镇）五级，分别由各级政府编制并实施，其中前三者属于宏观控制规划。县、乡规划属于实施性规划，主要任务是按照上级规划的指标和布局要求，划分土地利用区，明确各区土地的主要用途和区内土地使用条件，为单位和个人合理使用土地，进行土地开发、整理提供依据。从1987年开始，我国土地利用总体规划已进行了三轮，当前执行的是第三轮规划，在控制建设用地快速增长、保护耕地、提升生态环境质量等方面发挥了重要作用。但现行规划存在刚性太强、对农用地尤其是耕地和基本农田管制太死的缺陷，在某种程度上制约了农地流转。

（一）刚性的基本农田用途管制规则，限制了农业结构调整

在第三轮土地利用总体规划中，为了保护耕地数量，县、乡土地利用总体规划一般都要划出基本农田保护区，尤其是将农业大县（市）和乡（镇）基本农田保护指标定得非常高，致使绝大部分耕地都被划入了基本农田保护区。例如，山东省嘉祥县的基本农田保护区面积达到62505.7公顷，占全县土地面积的64.10%，占全县基期耕地总面积的92.73%。基本农田是耕地的精华，所以为了确保粮食安全，国家制定了严格的基本农田保护区土地利用管制规则。

严格的基本农田管制规则，有助于保护基本农田数量，提高基本农田质量。但"严禁占用基本农田发展林果业和挖塘养鱼"的规定，在一定程度上阻滞了市场在农业生产资源配置中决定性作用的发挥，制约了农业结构的调整与优化，不利于农业生产效益的提高，加之进入流转市场的农地绝大部分是基本农田，这必将约束农地流转的速度和规模。利用耕地发展园艺业和林果业，一般不会破坏土壤耕作层，不会造成耕地的实质性减少。况且农业结构调整具有可逆性，即在市场调节下或在一个生产周期结束后，园地、经济林地、人工牧草地、藕塘等往往又变更回耕地，因此适当放宽对基本农田的利用管制，不会对粮食安全带来很大冲击。

专栏6-8　基本农田管制规则

严禁在基本农田保护区内建房、建窑、建坟、挖砂、采矿、取土、堆放固体废弃物或者进行其他破坏基本农田的活动；严禁占用基本农田发展林果业和挖塘养鱼；不得荒芜区内耕地。

区内现有非农建设用地和其他零星农用地应当整理、复垦或调整为基本农田，规划期间确实不能复垦或调整的，可保留现状用途，但不得扩大面积。

严禁占用区内土地进行非农建设。国家能源、交通、水利、军事设施等重点建设项目选址确实无法避开基本农田保护区，需要占用基

本农田，涉及农用地转用或者征用土地的，必须经国务院批准。

不断加大农田基础设施建设力度，提高区内基本农田综合生产能力。

资料来源：《嘉祥县土地利用总体规划（2006—2020年）》。

（二）对设施农用地关注不够，制约了农地规模经营

转入较多耕地的种田大户、家庭农场、农业开发公司等，从事农业规模生产，需要一定面积的晾晒场地和农产品储存空间等设施农用地的支持。但第三轮土地利用总体规划对设施农用地关注不够，规划的设施农用地数量少、占地比重低、布局不合理，而且主要用于畜禽养殖、工厂化农业生产和水产养殖，忽视了农产品晾晒场地和存储场地的规划供给，在严格的土地用途管制制约下，一定程度上限制了农地规模经营，进而影响了规模经营主体进一步转入农地的积极性。

专栏6-9　种粮大户缺少设施农用地

济宁市兖州区某村种粮大户，因缺少晾晒场地和存储空间，将收获的玉米堆放在生产道路上，既要防雨，又要防盗，而且因阻碍通行还招致附近村民的抱怨和投诉。

以嘉祥县为例，第三轮土地利用总体规划共提供560.5公顷设施农用地。平均每个乡镇只有不到37.5公顷，有的乡镇不足5公顷，而且绝大部分为集中布局的畜禽养殖和水产养殖用地，农产品晾晒场地

和储存场地几乎为零。项目组调查发现，很多种田大户将收获的农产品堆存在乡间道路上，任凭风吹雨淋，不仅存在安全和霉变隐患，也妨碍了农村交通。

第六节 乡村治理结构变迁给农地流转带来的不确定性增加

我国正处在经济社会转型的特殊历史时期。随着工业化、城镇化的加速推进，经济体制和政府管理方式正在朝着完善的市场经济体制和建设法治政府转变。土地管理制度、土地政策的制定和调整必须努力与这个进程相协调。"我们要在坚持农村土地集体所有的前提下，促使承包权和经营权分离，形成所有权、承包权、经营权三权分置，经营权流转的格局。"[①] 近年来，我国农地流转呈现出良性发展态势，但仍面临一系列亟须关注的主客观障碍，其中乡村治理结构变迁带来的农村土地权益分配不稳定等一系列问题，增加了农地流转的不确定性。

一、乡村治理结构的演化及其现状

乡村治理的概念是华中师范大学中国农村问题研究中心于1998年首次提出的。[②] 乡村治理被定义为人们通过对公共权力的配置和运作对乡村社会实施组织、管理和调控的过程。[③] 目前，乡村治理的概念常在三个不同的层面上使用：一是乡村治理即村治，比如张厚安认为村治是指乡镇以下的农村治理结构；[④] 二是指村庄政治，比如徐勇等认为村治即村级治理，是指村庄公共权力对社区公共事务进行组织、

[①] 习近平2014年9月29日在中共中央全面深化改革领导小组第五次会议中的讲话。

[②] 徐勇：《乡村治理与中国政治》，235页，北京，中国社会科学出版社，2003。

[③] 卢福营：《当代浙江乡村治理研究》，1页，北京，科学出版社，2009。

[④] 张厚安：《中国农村村级治理——22个村的调查与比较》，8~13页，武汉，华中师范大学出版社，2000。

管理与调控，从而达到一定目的的政治活动；① 三是指村民自治，如郭正林认为乡村治理概念主要指"村民自治"，因为村民自治有行政化倾向，可用"村政"代替。② 本课题所指的乡村治理，主要指的是村级治理，同时涉及乡（镇）政府（街道办事处）、村委会、村民小组之间的权力配置和运作。

（一）乡村治理的主体正在发生变化

随着我国经济社会的发展，我国乡村治理结构正在发生着较为明显的变化。农村基层组织和管理体制经历了"村社制""社队制""村组制"三个不同的阶段。特别是改革开放以来，家庭联产承包责任制的推行，摧毁了人民公社的经济基础，取而代之的是村民自治。村民自治是建立在土地产权集体所有和户籍身份基础上的，具有强烈的封闭性和排他性。基于土地的集体所有及承包关系，农民归属于一定的"集体"，享有相应的权力。村民委员会及党支部也是在这种集体范围内组建起来的，并在乡镇政府的具体领导下乡村治理中发挥了主体作用。

1. 传统的乡村治理主体——村民委员会

村民委员会（简称村委会）作为农村基层群众性自治组织，是一种传统的乡村治理主体，其主要职能是执行村民代表大会的决策，实现乡村的自我管理和服务，办理本村的公共事务和公益事业。村委会力量的强弱对其领导和服务能力有很大的影响。有些村干部文化水平高、政治觉悟高、工作能力强，能够在群众中建立具有较高威信的村委会。该村委会在群众中的号召能力比较强，能够对群众的行为起到引导作用。相反，有些村委会在产生过程中存在不公平的现象，在一定程度上限制甚至侵害了广大选民的民主权利，不利于基层民主的健康发展。第二种情况下的村委会成员组织涣散，文化水平偏低，政治觉悟不高，工作能力不强，对当前农村经济发展的新形势、新任务认

---

① 徐勇：《县政、乡派、村治：乡村治理的结构性转换》，载《江苏社会科学》，2002（2）。

② 郭正林：《乡村治理及其制度绩效评估：学理性案例分析》，载《华中师范大学学报（人文社会科学版）》，2004，43（4）。

识不足，观念滞后，缺乏带领群众致富的本领和才干。他们当选的目的大多是获取更多的自身利益，为群众服务的积极性不高，号召力不强，因此群众的行为很难受其影响。

从村委会行为主体实际运行的过程和效果看，村委会是决定农地制度运行效率的因素之一。在农地流转制度的微观配置上，村委会甚至起着决定性作用。组织服务能力强大的村委会可以积极地学习和领会有关农地流转的政策和指导意见，学习典型地区先进的农地流转经验，推动农地流转的实施。村委会可以作为农地流转双方之间的缓冲器，打破熟人交易的关系链条，降低交易的不稳定性，缓解信息的不对称性，并提供一定程度的担保。村委会还可以协助农地流出方或流入方将流转地块集中，并对农田、乡村道路、水利设施进行改造，为农地流转创造更多的便利条件。

2. 多元化乡村治理主体的出现

近年来，随着市场经济的发展与乡村人口的流动，乡村治理主体面临新的变化。一是村民小组正在逐渐消失。二是合村并点、农村社区化等行政行为导致村集体的边界被打乱，使村委会正逐渐向社区转变。三是农村社会阶层（富人阶层、"恶霸"阶层、贫弱阶层、半工半农阶层、中农阶层）分化。各阶层间的利益又是有差异的，阶层利益诉求的不同促成其参政议政的方式、内容、目标也不同，导致占村庄少数的富人阶层或者"恶霸"阶层掌握着大量的经济社会资源。他们努力成为村治主体，给基层民主的发展带来一定的影响。四是随着农业税的取消，乡镇政府对村级事务的管控力正在逐渐减弱，同时大学生村官等新生力量也在逐渐涌出。

（二）乡村公共权力配置及乡村秩序的失衡

乡村治理的目的就是实现对乡村公共事务的管理，实现乡村社会公共利益的最大化。[①] 乡村治理必须实现治理乡村社会公共权力的多元化配置，发挥农村社区公共权力在公共事务治理过程中不可取代的

[①] 苏敬媛：《从治理到乡村治理：乡村治理理论的提出、内涵及模式》，载《经济与社会发展》，2010（9）。

作用。在政府行使乡村社会公共权力的同时，各种得到公众认可的农村民间组织甚至村民个人也可以有效行使乡村治理的公共权力，使公共权力的运行在政府和社会之间呈现出上下互动的双向运行过程，同时也在民间社会中呈现平行互动的关系。

目前，大量农村青壮年劳动力外出务工，农村"空心化"现象严重，农村人财物不断流出，导致农民无法依靠农村内生力量来维持农村的生产生活秩序。在这种情况下，农村社会秩序就需要外部力量介入。在这个过程中，乡镇政府由于财力有限，往往很难发挥太大的作用，而具有一定经济实力、挂念农村土地资源的企业或个人便趁机而入，打乱了村庄共同体本来的秩序。

二、乡村治理结构与农地流转的相互影响机理分析

（一）农地流转对乡村治理结构的影响

1. 农地流转推动乡村治理模式发生变化

农地经营权的流转在引起农民收入、职业、身份变化的同时，还会推动乡村治理模式发生变化。当农地流转到种粮大户手中，面对激烈的市场竞争，经营者需要克服生产中资金、技术、销售等方面的困难，因此新型农民合作组织应运而生。新型农民合作组织不仅能实现农村社会资源重新整合，促进农村市场经济的发展，培养农民的市场意识，提高农民对市场的驾驭能力，而且也成为农村科技推广、现代农业发展的重要推动力，成为推动农村社会事业发展和农村社会稳定的重要力量。新型农村经济组织与村组织的结合成为乡村新的治理模式。

专栏 6-10　蓬勃发展中的新型农民合作组织

山东省农业厅统计资料显示，截至 2013 年年底，山东省农民专业合作社共计 93552 个，比上年增加 33.9%。其中，从事种植业的专业合作社有 53794 个，从事林业的专业合作社 4814 个，从事畜牧业的专业合作社有 21089 个，从事渔业的专业合作社有 1710 个，从事服务业的专业合作社有 7877 个，其他种类专业合作社有 4268 个。

资料来源：山东省农业厅，2014 年。

2. 农地流转推动合村并点

农地流转会释放出更多的农村劳动力，改变部分农民"亦工亦农、亦商亦农"的兼业状态，解除土地对这些农民的束缚，促进农村劳动力向非农产业转移、向城镇集聚，带来村庄"空心化"的进一步发展，可能进一步推动合村并点。

农村劳动力转移的速度随着农地流转的进行而不断加快。2013年，山东省农村劳动力有4236.5万人，其中外出务工的劳动力有1482.5万人，占35%，使村庄内外的交流不断增加。为了实现土地的集中连片，真正做到专业化规模经营，发展高效农业，不少地区实行了合村并点、社区集中居住的模式。项目组了解到济宁市兖州区大安镇后白家楼村就将原有占地面积大、空心化的农村居民点复垦整理成集中连片的耕地，由陆通农业种植专业合作社农业大户经营耕作。

3. 农地流转推动村民自治向新型农村社区自治转型

农地流转中村外力量的进入以及由此带来的人口流动，使乡村社会变得日益多元，推动村民自治向新型农村社区自治转型。

随着农地流转中村内劳动力的流出和村外力量的进入，村庄内外人员交流加速，村庄内传统的熟人关系可能逐渐变成半熟人关系甚至陌生人。同时大规模农地流转消解了农村社会的中坚力量，对农村稳定造成不利影响。尤其是在农地流转过程中，如果出现土地的大规模兼并，大批农民会丧失经营主体地位，可能沦为"雇农"，给农村经济社会稳定带来影响。这就需要发挥村庄内部的自治机制来自我调和，通过建立新型农村社区，在社区内部化解各种社会矛盾，实现新型社区的自我管理，建立新的秩序。

（二）乡村治理结构对农地流转的影响

1. 治理主体多元化影响农地流转的利益分配机制

随着社会经济的发展以及乡村治理结构的变化，我国乡村治理主体不断多元化。乡村治理主体不同，所代表的利益诉求不同，影响农地流转的利益分配机制。在乡村治理中，政府起着主导作用。发展乡村经济，落实中央政策，获取土地收益，增加政府收入，树立样板工程，显示地方政绩，是政府流转农地的动力；集体组织以执行上级政策，发展集体经济，增加集体收益为目标；农民以获得流转直接收益，获取非农就业收入为目标；农村合作社或农业企业以优化生产要素的组合，获得规模经营收益为目标。各治理主体之间的利益目标既统一又矛盾，因此农地流转必须充分协调各主体之间的利益分配。

2. 乡村社会秩序影响农户的流转意愿及行为

乡村社会秩序的变化，导致农地流转缺乏良好的法制环境，影响农户的流转意愿。面对农地流转的各种优惠政策，掌握着大量社会经济资源的富人阶层和"强势"阶层拥有较多的话语权，他们想要将土地集中在自己手中，使一般农户的话语权被持续削弱。大力进行农地流转使乡村社会利益主体之间出现新矛盾，更加剧了乡村社会的不稳定性。

环境影响个体意愿，进而影响流转行为。良好的乡村社会秩序、规范合法的流转程序有利于促进农地流转。社会秩序不稳定，流转程序不完善，不能保障农民流转出去的土地收益。农民担心农地流转出去之后无法收回，不愿意承担失去土地的风险，流转农地的积极性不高，尤其是长期规模流转农地的积极性更低。他们认为只有将土地掌握在自己手中，才觉得踏实。

3. 新型治理体系影响农地流转进程

在乡村治理结构的变迁中，尤其是在村民自治向社区自治的变化中，如果我国能够建构与农地流转相适应的新型乡村治理体系，合理划定社区规模，搞好组织重构、社区工作者队伍、服务下乡等方面的建设，妥善处理社区不同居民之间的权利关系，增强居民的社区认同和归属感，促进社区的整合与融合，不断完善农业社会化服务体系，可能会进一步推动农地流转。

专栏 6-11　农地流转服务中心建立并完善

西岗镇位于滕州市西南部。2006 年西岗镇在全国率先建立了农村土地流转服务中心，2008 年将其规范完善为产权交易所。通过健全交易体系，强化服务监督，西岗镇完善了农村土地使用产权制度改革模式，推动了农业适度规模经营，解放了劳动力，盘活了土地资本，破解了合作社发展融资难的问题。

资料来源：滕州市西岗镇人民政府，2014 年。

三、乡村治理结构变迁给农地合理流转带来的障碍

（一）利益分配不稳定使农民利益受损

乡村治理主体变迁带来农地流转利益分配机制的变化，可能损害农民利益。土地权益边界会由于地方政府、社区集体组织甚至地方家族势力等方面的影响而变得模糊，而土地权益边界的模糊往往又成为各方主体争夺利益的借口。处于弱势地位的农民的利益就会被政府或者社区集体不当或"合理"侵占。因此，乡村治理结构变迁带来的利益分配不稳定，使农地流转中农民的利益得不到保证，这是当前制约农民流转农地积极性的重要因素之一。

（二）农地产权更加模糊使土地纠纷增加

根据产权经济理论，财产的保护有赖于排他性产权制度的建立，有赖于明确的产权主体的形成，否则产权将不能得到有效保护。[①] 乡村治理方式变动带来的村界多元化，即村庄主要事物和活动的非疆域性边界，如村庄的经济组织、市场经济网络、人际关系网络等，可能使原本较为模糊的集体土地产权更加模糊。土地产权模糊不清，使得农地流转的利益主体被虚化，增加了农地流转过程中的权属纠纷，阻碍了农地流转的顺利进行。

（三）保障机制不健全使农地流转受到限制

在乡村治理结构变迁以及集体经济组织转型的双重背景下，本来就不够完善的农民社会保障机制和权益保障机制更加不健全，可能进一步强化农户的小农思想及其对土地的依赖程度，固化农民离乡不离土的现象，阻碍农地流转。乡村青壮年劳动力外出务工主要在第二、第三产业提供各种服务，但仍然在耕种、收割季节返乡从事农业劳动，对土地进行应付式、任务式的耕种，广种薄收。有的农民甚至把土地进行抛荒，这些行为都造成对土地资源的严重浪费，甚至影响到了土地的生产条件。究其根源，项目组发现农民离乡不

[①] 黄少安：《产权经济学导论》，127～130页，北京，经济科学出版社，2004。

离土的背后折射出一种深深的忧虑，即这是应对社会保障不完善的一种自保行为。在外务工受到年龄和体力的限制，即使农民将来失业了，还有土地可依赖，有了土地就有希望，因此有些农民宁肯让土地保持一种低收益的状态，也不愿将土地流转出去。

第七节 农户观念对农地流转的制约

作为农地流转过程中最基本的决策单元，农户的决策行为对农地流转的进程和速度产生直接影响。然而，不同农户因其所处的社会、经济、技术及自然环境差异，在农地流转过程中的供给意愿和需求意愿也是不同的。在一定的区域中，农户个体土地流转的供给和需求的汇总，构成了农地流转整体市场的供给和需求。① 当前，农户在决策过程中受到认知水平以及"小农经济思想""恋土情结"等观念的影响，一定程度上制约了农地流转的进程。

一、农户对农地流转的政策认知存在误差

首先，有些农民对农地流转政策存有认知偏差。中央办公厅发布的《关于引导农村土地经营权有序流转发展农业适度规模经营的意见》指出，农地流转是指拥有土地承包经营权的农户将土地经营权转让给其他农户或经济组织，即保留承包权，转让使用权。"坚持农村土地集体所有，实现所有权、承包权、经营权三权分置，引导土地经营权有序流转，坚持家庭经营的基础性地位，积极培育新型经营主体，发展多种形式的适度规模经营，巩固和完善农村基本经营制度。"然而，部分农户对农地流转的政策认知存在偏差，认为流转农地即是将承包权、经营权等一干权利全部转让，使土地的所有权能皆离自己而去，因而不愿意流转土地。

其次，有些农民对土地"私有化"仍存在幻想。家庭联产承包责任制实施以来，土地分包到户。20世纪80年代中期，国家提出农户

---

① 曹建华、王红英、黄小梅：《农村土地流转的供求意愿及其流转效率的评价研究》，载《中国土地科学》，2007，20（5）。

土地承包期延长 15 年不变，20 世纪 90 年代又提出在农户承包期 15 年到期后再延长 30 年不变。① 农地承包期的延长，使得部分农民产生了土地"私有化"的幻想，认为现在手中持有一部分土地，等到"私有化"后可将其作为资本，于是这部分农民便长期持有土地以备"政策"实施。

农民在误读政策和"私有化"幻想的双重影响下，不仅坚持持有自己的土地，而且广泛要求重新分配耕地，为新生子女及新迁入家庭成员谋求土地，对中央土地承包及农地流转政策的有序落实带来了一定的影响，滞缓了政策实施的进程。

二、农地的社会保障功能在农户思想中仍占主导地位

我国是传统的农业大国，因而农业作为国家经济和人民生存的敏感型产业，历来备受中央政府重视。作为最基本的生产要素——耕地，对农民来说，除了具有经济功能之外，还具有社会保险和保障的功能。② 因此，农民在思想上往往把土地放在很重要的位置。

虽然当今社会工业化进程不断加速，但是我国农村并未完全摆脱传统"自给自足"的自然经济模式。基于耕地的社会保障功能，使得农民在面临突发性灾害或灾难，或者失去非农就业岗位时，还有生存依靠，所以多数农民仍表现出对耕地的高度热情。农民更加偏好于结果确定的活动以避免承受更多风险。对风险的规避心理使得很多农民宁愿选择回报率较低、风险小的自耕自收生产活动。此外，农地流转收益预期不明朗，使得农民更加看重农地的直接收益。

一些农民认为，土地既是"保命田"，也是"保险田"，只有保留土地才有退路，即使务工不挣钱还可以回来种地，宁肯种"粗放田"

---

① 张红宇：《中国农地调整与使用权流转：几点评论》，载《管理世界》，2002（5）。

② 曹建华、王红英、黄小梅：《农村土地流转的供求意愿及其流转效率的评价研究》，载《中国土地科学》，2007，21（5）。

"应付田",甚至不惜暂时抛荒也不愿轻易转让和放弃土地。① 这种普遍的风险厌恶心理使得农民决策行为多偏向以下两点:即使非农业收入远远高于农业生产收入,也不愿意将土地使用权转出;当非农业收入下滑时,仍可以有耕地收入作为保障。

由于上述思想行为,在社会保障体系尚不完善的背景下,较多农民不愿意转出土地,而使得拥有转入意愿的农民面临"一地难求"的尴尬。

三、农民不愿放弃传统的生活模式,"恋土"情结依然存在

在传统的农业社会中,土地是人们生存和繁衍的重要资源。土地既是农民最基本的生存保障和生活依靠,更是农民财富和社会地位的象征,即"有土斯有财",谁拥有的土地越多,谁拥有的财富就越多,其社会地位就越高,因此形成了农民深深的恋土情结。② "万物土中生,离土活不成""田地是活宝,人人少不了""田地是黄金,有了才松心"③,即对农民恋土情结的生动写照。此外,作为最稳定的自然资源,土地更是家族传承的首选。

长期与土地接触的生产生活模式,使得农民不但对土地产生了很强的依赖感,更把其当作一种传统生活方式。即使经过工业文明的冲击,土地仍然是农民生产生活的重要生产资料。在这种状况下,农民偏好于选择最稳妥的生产方式,所以一些农民长时期转出土地会有很大的思想阻力。

土地作为小农经济生产资料的主要组成部分,使农民认为没有了土地也就没有了生活保障。包产到户后,农民掌握了土地经营自主权,能按照自己的意愿支配土地,若将土地流转出去,他们程序化的生活方式就会被打破,而再开始寻找新的生活方式,必然又是一个漫长的过程,这也是农民不愿意流转土地的重要原因。

---

① 李长健、卞晓伟、吴洁:《中国农地流转的障碍及其出路》,载《长安大学学报(社会科学版)》,2009,11(3)。
② 苏新鸟:《农地流转的传统思想观念制约及创新》,载《特区经济》,2013(2)。
③ 袁银传:《小农意识与中国现代化》,54页,武汉,武汉出版社,2000。

四、小农经济思想制约，流转意愿不强

小农经济思想是我国传统自然经济模式下产生的满足个人温饱、自耕自种的思想行为习惯。在传统农业社会中，农民多自给自足，与外界的交流较少，这种经济结构、生产生活方式延续几千年未发生改变。它局限于较小的生存空间以及程序化的生产活动过程，使农民的思想性格形成了以下一些鲜明的特征。

（一）平均主义

"不患寡而患不均"，这是小生产社会和小农思想的本质。[①] 纵观中国历史，农民起义几乎都打着"均贫富"的口号。在资源总量匮乏的封建社会，多数农民往往认为得失是具有相关性的，即认为别人的得益往往意味着自己的损失，自己穷是别人富造成的，宁愿安于普遍贫穷，也不愿有人比自己富裕。一旦出现贫富差距，嫉妒会成为广泛的社会心理，使一些农民在思想意识上逐步形成了仇富的心理。

（二）小富即安，不思上进

在过去几个世纪里，模式化的生产方式和程序化的生活方式，使农民表现得安分、乐天、知足，而这种心态也逐渐导致了思想的停滞与禁锢，抹杀了农民的创造力。

（三）思想保守

农民为了适应社会经济低下的生产力，逐渐形成了保守的思维方式。他们宁愿安于现状也不愿尝试扩大再生产，习惯稳定的生活，害怕前途不定。

我国传统的小农生产模式，奠定了传统农民的小农思想特征。也正是以上这些因素，造成了农民农地流转意愿不强的现状。改革开放以来，经过宣传教育和市场经济的洗礼，部分农民开始转变思想。但数千年的文化沉淀，导致大部分农民对农地的期望值仍然相对较低。他们满足于吃饱喝足、旱涝保收、略有结余的生产模式，很难完全转变思想。

[①] 吴象：《农村改革与小农思想》，载《黎明职业大学学报》，1993（1）。

五、"红眼病"现象频现,干扰了农地流转环境

近年来"红眼病"现象在农地流转中频频出现,究其原因主要有两方面:首先,新一轮土地确权,只是对原有地块进行确权而未重新划分土地,致使农户人口数与土地数量不一致的家庭因无地流转而感觉自己蒙受损失;其次,部分农民因租出土地产生的收益远大于个人预期的土地产出,进而加租甚至悔租,这会打击经营主体的积极性。

以济宁市兖州区为例,近几年受物价和高收益农业项目刺激,农地流转价格逐年上涨。2014年种植粮食的耕地的流转价格普遍在每亩1000~1200元,种植苗木的每亩在1200~1500元,仍有上涨的趋势。部分转出土地的农民在利益的驱使下,特别是当流入者取得较好的土地收益时,有的直接提出加价,有的单方面毁约收回转出的土地,有的甚至出现哄抢、偷窃经营者的农产品的违法行为,影响了规模经营主体的正常生产秩序和生产积极性。

六、供求意愿不匹配,盲从心理严重

在农地流转的过程中,每一个农户便是一个思想主体。对信息的掌握、甄别能力存在差异,使得农户对市场经济情况的判断力具有较大的差异。在某一特定区域内,在无行政干预的自发型流转过程中,由于交流平台的欠缺,信息不对称现象很容易出现,于是农户在流转过程中多选择熟悉度、信任度较高的"关系户",因此合约条款的谈判、合同的签订等过程都会受到熟人情面的影响。有关调查数据显示,转入户和转出户的关系主要是亲属、熟人,由于关系圈的范围有限,极大地限制了流转圈的扩大。[①] 同时,由于不同农户出租或转包农地存在时间差,地租"旧低新高"的现象往往根据市场需求出现,致使率先流转土地的部分农户出现悔租现象。

居住于同一聚居区或者农地相互毗邻的大部分农户的共性思想,构成了农地流转的人文环境。人文环境对农地流转产生的影响主要表

---

① 邰亮亮:《中国农地流转发展及特点:1996—2008年》,载《农村经济》,2014(4)。

现在以下几个方面：并不是每个农户都具有对市场经济情况的判断力，因此农地流转过程中经常会出现跟风流转现象；相反，如果同一方承包地中有流转意向的农户较少时，其他即使有流转意向的农户也会观望徘徊，导致流转进程较慢；同时，如果一方地中只有零散的一部分农地进行流转，则会由于规模经营的可操作性差，不利于基础设施的建设和统一管理，从而导致流转夭折。

第七章　农地流转的政策创新设计

本章从完善农地产权制度、优化农地流转的经济政策环境、完善农业保险供给、健全农地流转市场体系、建立健全农地流转管理体系、优化乡村治理结构、转变农户思想观念等视角，提出了我国农地流转政策与措施创新路径，以提高农地流转效率，促进农地流转健康快速发展。

第一节　完善农地产权制度，保障农地流转顺利运行

一、构建新型的农地产权体系

我国现行农地多元化产权主体的设置，在实践中易形成多级主体参与的混乱状态及农地流转的无主状态。我国应在坚持农村土地集体所有权制度的前提下，以产权清晰、长期稳定、权能完整、促进流转为目标，进一步完善我国农地产权制度，建立新型的农地产权体系，理顺各项产权关系。具体而言，就是设立"集体土地所有权""土地承包权""土地经营权"三种主要产权形态，清晰界定各项产权的主体、权利和义务，建立边界清晰、主体明确的"三权分置"式农地产权结构。[①]

（一）集体土地所有权的界定

在集体土地产权体系中，土地所有权是最高层次的产权形态。相关部门应通过法律明确集体土地为村集体所有，村委会为所有权主体

---

① 胡存智：《构建完善的农用土地产权体系》，载《国土资源通讯》，2001 (2)。

代表，实行村有村管，取消村民小组土地所有权。土地所有权是集体土地一项最主要的物权，为村集体经济组织成员共有。每个成员都享有均等且不可分割的权益。当土地被国家征收时每个成员都有权分割土地补偿收益。严禁买卖集体土地所有权，除国家征收、集体经济组织分拆或者合并以及集体经济组织之间交换土地时才能发生所有权的转移之外，任何单位和个人都无权改变集体土地所有权性质。集体土地发包，"四荒地"使用权出让，符合土地利用总体规划的经营性建设用地入市、入股联营等的处置权由村委会行使，但要接受村民代表或者全体村民的监督。①

(二) 土地承包权的界定

集体土地承包权的本质是在集体农用土地主要是在耕地之上设定的用益物权，是所有权之下的一个独立、完整的土地产权。土地承包权一般以家庭承包方式取得，其权利主体为本集体经济组织成员，一个承包期为 30 年。在承包期内，承包权之上可以设定经营权、租赁权、抵押权等他项权利，亦即承包人既可以自己使用承包地，也可以通过转让、出租、入股等方式予与他人使用，经村集体经济组织同意后也可以进行抵押融资。土地承包权按不动产物权予以法律保障，一经取得并通过不动产登记确认，集体经济组织及其他任何人不得随意改变权利人，不得侵犯权利人利益，也不得随意改变权利义务。在国家确需征收承包地时，承包权人有权获得土地财产损失补偿。条件许可时，村集体经济组织可以适当收取少许承包费或地租，设立农用地发展基金，既体现村集体经济组织的"地主"身份，又可用于道路、水利设施等公共物品建设供给，同时用于支付承包人有偿退出承包权的权利损益补偿。②

(三) 土地经营权的界定

经营权是在土地承包权上设定的一项他项权利，承包期内承包

---

① 张全景：《我国土地用途管制制度的耕地保护绩效研究》，博士学位论文，南京农业大学，2007。

② 张全景：《我国土地用途管制制度的耕地保护绩效研究》，博士学位论文，南京农业大学，2007。

人可将其单独转让或出租。为保障转让人（出租方）、受让人（承租方）的权利，双方应签订转让（租赁）合同，约定转让费用、期限、经营方式等，并进行权利登记。受让人应严格按照承包合同、转让合同约定的土地用途使用土地，遵守乡（镇）土地利用总体规划确定的土地用途管制规则。村集体经济组织和承包人应加强对受让人或承租人的监督，保证农地农用，防止非粮化，严禁非农化。经营权具有排他性，应按照物权性质给予保护。在经营权登记后，登记机关应颁发给受让人或承租方土地经营权证书，载明权利和义务，以防止权益侵害。转让期内如遇国家征收土地，经营者有权获得青苗等地上附着物补偿以及打井、架电等定着物补偿和经营损失补偿；转让期较长的经营权（一般在5年以上），其上可设定抵押权能，且国家应允许以其抵押融资。[1]

二、积极推进农地确权登记工作

土地登记又称土地权属登记，是土地登记机关依照法定程序，根据权利人的申请，将土地的位置、界址、权属、用途、面积、等级等信息登记造册并颁发证书的行为。土地登记的基本单元是宗地。土地登记的核心目的是保护土地产权，起到定权止纷的作用，是解决土地纠纷的重要依据。集体土地承包经营权确权登记，是指对家庭承包土地确权登记颁证和其他承包方式承包的土地确权登记颁证的行为。农用土地登记可使土地流转更加可靠并降低成本，能促进土地市场发育。与建设用地使用权尤其是与城镇建设用地使用权登记相比较，我国集体农用地登记工作起步较晚，仍然很不完善。因此，我国应尽快建立健全农用地地籍管理制度，完善所有权登记，加快承包权登记，推行经营权登记，明确统一的农地登记机构和登记程序，制定权属、位置、界址、面积、质量、用途、使用条件登记内容和登记准则，提高登记的公信力。

---

[1] 张全景、欧名豪：《中国土地用途管制制度的耕地保护绩效研究》，244~245页，北京，商务印书馆，2008。

> **专栏 7-1　滕州市积极探索确权登记办法，取得一系列成果**
>
> 滕州市积极探索适合本地实际的农地确权登记办法，取得了一系列成果和经验。以滕州市上营村为例，上营村把开展土地承包经营权确权登记与厘清权属关系相结合，聘请专业公司对每户的承包信息进行了现场勘测，妥善解决了农户承包地面积不准、四至不清、权属不明等问题，形成了"归属清晰、权能完整、保护严格"的管理格局。对于承包纠纷问题，滕州市积极完善农地流转纠纷调处机制，分别设立了市、镇、村三级调处机构。市级设立了农村土地承包纠纷仲裁委员会，镇街成立了农村土地承包纠纷调解委员会，村级设立了农村土地承包纠纷调解小组，有效地化解了农地流转过程中出现的矛盾纠纷，促进了农村社会的和谐稳定。
>
> 资料来源：课题组调研资料，2014 年。

当前，我国应重点做好以下工作，深入推进集体土地承包经营权确权发证。首先，县、乡政府应进一步做好宣传工作，明确告知农民确权发证的程序和办法，使他们深刻理解确权登记的意义，取得他们的支持和配合；其次，应加强对确权登记、测绘队伍的管理，严格按照确权登记规章办法对每宗农地的界址、面积等进行勘测，努力做到界址清楚、面积准确，避免农户间产生纠纷；再次，应设立相应的纠纷调处机构，解决农户之间、农户与集体经济组织之间的权属争议；最后，设立相关监督及验收部门，对完成确权的村民小组进行逐块验收，以保证确权登记的质量。

三、设立适合我国国情的农地发展权

农地发展权的设立有助于促进我国土地资源的优化配置，并在农地流转中发挥重大作用。对于我国农地发展权的归属，学者主要持两种不同的观点。①同英国模式一致，农地发展权隶属于国家。使用者如果要改变土地用途必须先向政府购买发展权。持此观点的学者以沈守愚、胡铃兰等人为代表。②同美国模式一致，农地发展权归属于土地所有者。国家可以向农地所有者购买发展权或者允许农地发展权自

由交易。持此观点的学者以张安禄、陈平等人为代表。[①]

我们认为，应通过法律设立农地发展权，并使之归属于土地所有者，通过产权登记加以公示和保护，以增加耕地非农化成本，抑制地方政府对征地权力的滥用，稳定农地承包关系和流转合约关系。政府或政府某个部门可以购买发展权，鼓励公益组织购买农地发展权。农民可以从发展权让渡收益中得到补偿。农民对土地仍然拥有除发展权以外的一切权利，可以继续耕种其土地，保证耕地的农业用途，从而给予转入土地的农户一个稳定的经营预期。同时，农民可利用出卖发展权获得的资金改良土壤，发展农田水利，改善农业生产条件，提高耕地质量，增加耕地产量。

第二节 完善农业投入政策，优化农地流转的经济政策环境

一、完善农业补贴机制，提高农业补贴效益

（一）减少农业补贴发放环节，明确农业补贴对象

在农业补贴的发放过程中，环节较多，加之农民对补贴的来源和领取对象并不十分了解，造成农业补贴对象不明确及农业补贴鼓励农民种粮的效果不明显。因此，相关部门要明确农业补贴对象，减少不必要的中间环节，确保农业补贴发放到真正的农业经营者手中。在农地流转过程中，相关部门对农业补贴归属等容易产生争议的问题应做出详细规定，减少农地流转后双方因农业补贴而发生争执的隐患，保证农地流转的健康发展。

作为2015年财政部、农业部选定的开展调整完善农业"三项补贴"政策试点的5个省份之一（另外4个省份为四川、安徽、湖南、浙江），山东省着力支持粮食适度规模经营，支持对象为主要粮食作物

[①] 张书琪：《农地发展权归属及其收益分配研究》，硕士学位论文，兰州大学，2010。

的适度规模生产者，重点向种粮大户、家庭农场、农民合作社等主体倾斜，体现"谁多种粮食，就优先支持谁"。山东省给种粮大户和种植粮食的家庭农场的补贴以种植小麦或单季水稻的面积为依据，补贴标准如下：50亩以上、200亩以下的，每亩按60元补贴；200亩及以上的，每户限额补贴1.2万元。这既扶优扶强，又可防止"垒大户"。补贴资金通过齐鲁惠民"一本通"直接补贴到户，避免农业补贴在发放中间环节的流失。

专栏7-2　山东省对农业"三项补贴"政策进行调整

我省将农作物良种补贴、种粮农民直接补贴和农资综合补贴（简称农业"三项补贴"）合并为"农业支持保护补贴"，将政策目标调整为支持耕地地力保护和粮食适度规模经营。

（一）支持耕地地力保护。将80%的农资综合补贴存量资金、种粮农民直接补贴和农作物良种补贴资金，统筹用于支持耕地地力保护。

1. 补贴对象。全省种粮（小麦）农民。

2. 补贴依据。为保持政策连续性，充分调动农民种粮积极性，我省确定以小麦种植面积为依据进行补贴。

3. 补贴标准。为保证惠农力度不减，各市按照每亩不低于125元的标准发放，具体标准由各市根据切块资金规模和本地区小麦种植面积等因素确定，并报省财政厅、农业厅备案。

4. 补贴用途。为加强农业耕地及生态资源保护，补贴资金应引导农民主要用于以下方面：

（1）减少农药化肥施用量，用好畜禽粪便，多施农家肥；

（2）鼓励有效利用农作物秸秆，通过青贮发展食草畜牧业，禁止焚烧秸秆，控制农业面源污染；

（3）大力发展节水农业，推广水肥一体化等农业绿色产业发展的重大技术措施，主动保护地力；

（4）鼓励深松整地，改善土壤耕层结构，提高蓄水保墒和抗旱能力；

(5) 发展和巩固城乡环卫一体化成果，搞好垃圾、污水处理和厕所改造，为农产品质量安全创造良好的环境。

5. 资金分配。省里将以2015年各市核定的小麦种植面积测算耕地地力保护补贴规模，并作为基数分配以后年度补贴资金，由各市包干使用。各市年度补贴资金如有不足，由地方统筹解决。如有结余，可以"以丰补歉"，用于弥补上一年度补贴资金缺口；也可以统筹用于耕地地力保护工作试点，探索建立补贴资金与地力保护挂钩的激励约束机制，鼓励农民将补贴资金用于上述规定用途，加强地力保护。结余资金原则上应于下一年度全部使用完毕。

6. 补贴发放。用于耕地地力保护的补贴资金，仍通过齐鲁惠民"一本通"直接补贴到户。

（二）支持粮食适度规模经营。将20%的农资综合补贴存量资金、种粮大户补贴试点资金和农业"三项补贴"增量资金，统筹用于支持粮食适度规模经营。支持对象为主要粮食作物的适度规模生产经营者，重点向种粮大户、家庭农场、农民合作社、农业社会化服务组织等新型经营主体倾斜，体现"谁多种粮食，就优先支持谁"。该项资金重点用于以下方面：

1. 对种粮大户和种植粮食家庭农场进行补贴。补贴依据：种植小麦，且压茬种植玉米、水稻或其他作物的，以小麦种植面积为补贴依据；种植单季水稻的，以水稻种植面积为补贴依据。补贴标准：经营土地面积50亩以上、200亩以下的，每亩按照60元标准进行补贴；200亩及以上的，每户限额补贴1.2万元，防止"垒大户"。补贴发放：通过齐鲁惠民"一本通"直接补贴到户。

2. 加强全省农业信贷担保体系建设，发展省、市、县三级农业、供销担保公司，强化银担合作机制，解决新型经营主体在粮食适度规模经营中的"融资难""融资贵"问题。

3. 围绕粮食生产，积极推广土地托管服务模式，鼓励供销、邮政、农机等单位发展农业合作社，开展全程托管或主要生产环节托管，实现统一耕作、规模化生产、社会化服务，提高全省规模化率。

4. 支持社会化服务组织对粮食烘干、棉花机采、仓储物流等设备设施的购置和研发,支持开展小麦宽幅精播、秸秆还田、深耕深松、病虫害统防统治、节水灌溉等农业技术推广,提高为农服务水平。

5. 支持农业和供销系统建立为农服务中心和平台,加强农民培训基地建设,加大职业农民培训。

对种粮大户和种植粮食家庭农场补贴资金,省里根据全省粮食规模种植面积、种粮大户和种植粮食家庭农场户数等因素确定各市资金数额,并切块下达。对其他用途资金,省里根据第2次全国土地调查公布的全省耕地面积确定各市资金数额,并切块下达,由各市根据国家和省规定的用途,结合本地区实际统筹安排使用。

(三)调整农作物良种补贴政策。鉴于花生良种补贴涉及全省34个县(市、区),覆盖面较广,亩均补贴数额较大,继续保留1年,由各市具体负责实施;对部分水稻种植面积较大的县(市、区),在2015年资金安排上予以适当倾斜。由于小麦、玉米种植面积与耕地地力保护补贴面积高度重合,小麦、玉米良种补贴一并纳入耕地地力保护补贴,不再单独实施,由各地从支持粮食适度规模经营资金中,采取多种形式支持农业部门和社会化服务组织实施小麦良种统一供种,确保小麦良种质量和覆盖率;由于启动棉花目标价格改革补贴政策,对棉花良种不再补贴。

资料来源:山东省财政厅、农业厅《关于调整完善农业三项补贴政策的实施意见》,2015-06-17。

(二)保持农业补贴政策的相对稳定性,逐步调整优化农业补贴结构

相关部门应认真落实中共中央、国务院《关于全面深化农村改革加快推进农业现代化的若干意见》,按照稳定存量、增加总量、完善方法、逐步调整的原则,循序渐进地调整完善农业补贴政策,切忌农业补贴政策的大起大落。在保证农业补贴稳中有升的前提下,充分利用好农业补贴中的"绿箱"政策,加大政府对农业基础设施和农业科技的投入,逐步建立完善的农业保险体系。同时相关部门要加强农业补贴中"黄箱"政策的作用,增加农产品和农业投入等直接补贴在补贴

中所占的比重，使农业经营者真正得到农业补贴带来的利益。① 相关部门还要逐步加大对种粮大户、家庭农场等规模经营主体的政策扶持力度，促进农地流转，实现农业现代化经营。

（三）建立完善农业补贴的管理和监督机制，确保农业补贴发放到位

在逐步提高农业补贴的同时，相关部门要建立和完善农业补贴的管理和监督机制，使农业补贴政策落实真正公平、公正、公开，让政策落实在阳光下进行；要从法律层面加强农业补贴监督，实现法制化管理，提高违法行为成本；在具体监管环节上，要完善现有的农业补贴模式，加强农业补贴领取对象的资格审查，对骗取农业补贴的行为要坚决查处，杜绝骗取农业补贴的行为，保证农业补贴落到实处。

四川省为了确保农业补贴新政策落实到位，要求各市县强化补贴信息管理，建立农业补贴信息管理档案，对列入补贴的农户逐户登记，立档管理，做到将补贴对象与耕地面积一一对应；同时加强监督检查，对骗取、套取、贪污、挤占、挪用农业"三项补贴"资金，或违规发放农业"三项补贴"资金的行为，依法依规严肃处理；对骗取、套取农业"三项补贴"的补贴对象，取消其3年农业"三项补贴"和其他相关支农政策享受资格，并将其列入诚信"黑名单"。②

二、完善农产品价格保护机制，避免农产品价格过度波动

相关部门应建立和完善农产品价格保护制度，逐步提高农产品最低收购价格，引导农产品价格平稳上升，增加农业经营的边际收益；在充分发挥市场机制作用的前提下，加强政府的宏观调控作用，建立和健全农产品价格监测预警机制，增加重要农产品的储备，在农产品价格出现较大波动时，及时调控农产品价格，将农产品价格波动控制在合理的波动范围之内；积极发展订单农业，引导农户与企业签订购销合同，提升农产品抵御市场风险的能力。

---

① 何忠伟：《中国农业补贴政策的效果与体系研究》，博士学位论文，中国农业科学院，2005。

② 资料来源：四川省农业厅、财政厅《四川省调整完善农业三项补贴政策实施方案》，2015-05-26。

> **专栏 7-3　订单农业带动村民致富**
>
> 　　为实现农业增效、农民增收，有效降低和规避农民种植风险，平度市积极引导农民发展订单农业。潘家洼村的潘松军有一个占地110亩的韭菜种植基地，并跟青岛胜家食品有限公司签订了合同。不管市场价格如何涨跌，该公司始终会保证以每斤一元的价格对潘松军的韭菜进行收购。青岛胜家食品有限公司收购了韭菜之后，直接将其加工成饺子馅、包子馅出口到国外。只要他们的销路有保证，农民的销路自然也不用担心。潘松军种植的韭菜品种叫大金勾，具有耐高温、叶宽、叶厚及产量高等特点，一年能割四茬，每亩产量能达到两万多斤，销售价是每吨2000元，去掉各种前期投入，每亩韭菜的纯收入基本保证在4000元到5000元，一年单韭菜种植即可收入近50万元。
>
> 　　资料来源：郭微微《潘家洼村发展"订单农业"带动村民致富》，半岛都市报，2013-07-09。

三、完善农业生产组织形式，提高农地比较利益

（一）推广种植优质农产品，增加农民收入

　　地方政府要根据实际情况，适当放宽农地流转后对农地用途的限制，只要农地流转后不改变农地的根本性质，不造成农地质量下降，就可以根据市场需求改变种植结构。政府要引导规模经营者以发展高效和生态农业为目标，推广种植优质和特色农产品，不断促进种植业结构调整和优化升级，使经营农业可以赚取更多的利润；同时及时发布农产品市场信息，提高农户的市场洞察能力，使之能及时根据农产品的价格变动调整生产计划，实现利益的最大化。

> **专栏 7-4　有机蔬菜成为"香饽饽"**
>
> 　　曲阜市防山镇席家村大力开展土地承包经营权流转，将全村5300亩土地的经营权，全部流转到龙大集团，严格实施"统一供应种子、统一田间管理、统一使用农药、统一使用化肥、统一采收"的管理模式，严格按照龙大集团有机蔬菜种植流程，生产的蔬菜全部出口日本、韩国市场，生产效益显著提高。叶菜类的价格在每斤10~22.5元，

瓜果类的价格在每斤 12.5～25 元，与普通蔬菜价格相比高出 4～10 倍。

资料来源：项目组调研数据，2014 年。

（二）建立市场化经营组织，提高农户市场竞争地位

农户之间要加强合作，成立相应的市场化经营组织，及时掌握农产品市场的需求信息，对农产品价格的总体趋势做出较为准确的预测，以降低经营农业的风险。地方政府要通过专门农业合作社来进行农资和农产品的统购统销，增强农户在农产品销售市场中的话语权，使农户可以用相对较低的价格购买农资，同时又能提高农产品在市场中的销售价格，增加经营农业的利润。

专栏 7-5　陆通农业合作社

济宁市兖州区陆通农业合作社，由 5 位种粮大户合作成立，共流转土地 3000 亩，平均亩产 1000 斤小麦、1200 斤玉米。通过合作社集中销售农产品，每斤农产品价格比普通农户贵 0.05 元，3000 亩农地比普通农户分散经营多得 33 万元。通过合作社集中购买农资，农资价格比普通农户分散购买低 5%，3000 亩农地节省的农资费用也很可观。

资料来源：项目组调研数据，2014 年。

（三）改善农业生产条件，提高农地产能

各级政府应不断增加对农地质量建设的投入，通过改善生产条件、改良培肥土壤、提升生态环境品质、提高耕地生产能力和农产品质量、增加农民种地收入，增强农户转入农地的积极性。一段时期以来，各级政府对农业基础设施建设的投入资金有减少趋势，很多地方的农田水利设施建设、中低产田改造处于停滞状态，严重制约了耕地增产潜力的发挥。项目组建议国家制定相应的政策，建立耕地质量建设基金，广泛筹集资金。耕地质量建设属于公共物品供给范畴，因此，政府应承担主要责任，且政府投入应成为该基金的主要来源。一是政府可整合当前的农田水利建设资金、农业综合开发资金、土地开发整理资金、中低产田改造资金等多渠道的资金，适当提高各项基金额度。二是政

府可以将新增建设用地有偿使用费、耕地开垦费（造地费）、耕地占用税、土地闲置费等全部打入该资金，并可考虑从土地出让金中分割出一定的比例用于基本农田的保护和开发建设。耕地质量建设基金应集中使用、重点投入，主要用于耕地尤其是基本农田的保护和开发建设。主要投资方向应为以下几点：一是农田整治建设，包括农地整理、沟渠整修、生态林营造、道路建设、障碍物清除等；二是农田基础设施建设，包括农田灌排设施建设、防洪设施建设等；三是农田地力建设，包括培肥土壤、中低产田改造等。

第三节　降低自然风险，完善农业保险供给，稳固农地流转基础

一、完善自然灾害监测与预防体系

我国应充分发挥政府的主导作用，建立和完善自然灾害监测与预警的立体交叉型系统，对自然灾害进行早期预报，提前防范，以起到预防风险、缓解风险、应对风险和降低自然灾害危害的作用。[①] 为此，首先，我国应加强政府各部门如农业、国土、水利、气象、财政部门之间的合作及资源数据共享，以发挥各部门间的整体协作优势；其次，应加快农业自然灾害发生机理的研究，以及自然灾害监测技术与监测设备的研发与更新换代，充分发挥新理论、新技术、新设备的优势，构建完备的农业自然灾害预警系统，提升农业自然灾害科学监测、精准预报和及时预警能力，为防灾减灾决策提供科学、及时的依据，以降低自然灾害的危害程度。

二、加强农业基础设施建设，提高抵御风险能力

现阶段我国农村农业基础设施尤其是中小型水利设施陈旧与损坏，是农业生产整体承灾能力弱的重要原因之一，因此，我国要提高农业

[①] 王国敏：《农业自然灾害的风险管理与防范体系建设》，载《社会科学研究》，2007（4）。

抗灾能力就必须加快农业基础设施尤其是中小型水利设施的建设与日常维护。加强农业基础设施建设应多方共同参与，建立以公共财政投资为主体、社会各方面力量共同发力的公共产品供给制度，加强并引导农民积极投身于农业基础设施建设，不断增强农业抵御自然风险的能力。

> **专栏 7-6　时任省长郭树清强调加快水利等农业基础设施建设**
>
> 　　2015 年年初，在山东省农村工作会议上，山东省委副书记、省长郭树清强调，要加快水利等农业基础设施建设，把耕地、水资源等农业发展的根基和命脉保住，为转方式调结构提供坚强支撑。
>
> 　　郭树清指出，当前山东农业基础仍然薄弱，去年部分地区发生了严重旱灾，再次向我们敲响了警钟。要抓好南水北调配套工程建设，确保年底前基本完成配套工程，努力实现长江水、黄河水、当地水资源的联合调度。大力推进雨洪资源利用工程，力争新增供水能力 4 亿立方米。加快推进引黄济青改扩建工程建设。启动实施新一轮小农水重点县建设，全年建设"旱能浇、涝能排"高标准农田 210 万亩。加快大中型灌区改造，全年发展节水灌溉农田 180 万亩。继续完善黄河防洪工程体系，加强引黄调水管理，全力保障山东省沿黄及相关地区防洪安全、供水安全。抓好水文气象现代化建设各项任务，提升防灾减灾和公共服务能力。近年来鉴于山东省极端天气比较频繁，各地要高度重视，切实抓好防汛抗旱各项工作。
>
> 　　郭树清要求，要推进农村产权制度改革，推进小型水利设施确权登记，开展水权确权登记试点，推进农业综合水价改革。抓好农村金融改革，加大对水利、贫困地区公路等农村基础设施建设的贷款力度，扎实推进县级涉农涉水涉地资金整合试点。
>
> 　　资料来源：山东省省长郭树清强调要加快水利等农业基础设施建设为转方式调结构提供坚强支撑，中国水利网，2015-01-21。

三、完善农业保险制度体系，降低农户的自然灾害损失

(一) 国家政策引导保险发展

作为政策性保险，我国农业保险要加快发展和完善。国家可以通过政策倾斜的手段，对其进行政策性引导。在此层面上，国家财政补贴也是农业保险发展的决定性因素。因此，首先，国家财政部门不仅应加大对农业保险的补贴力度，而且应制定科学的财政补贴政策，使各地区农业保险均衡发展。其次，相关部门还应完善有关法律条款，保证农业保险健康发展。保险公司也应该充分利用国家扶持政策，有重点、有目标、有原则地拓展业务渠道，增加业务总量。

(二) 加强农业保险监管

农业保险的政策性与商业性并存，在实施过程中经常出现违规甚至违法问题。因此，加强农业保险监管是加速发展农业保险的重要保障。加强农业保险监管可以防止产业发展偏离预定轨道以及可以及时发现问题、解决问题。我国当前与农业保险相关的法律体系并不健全，在政策实施过程中容易出现执行不力的情况，这就要求相关的监管部门真正起到监管的作用，在有关法律完善之前，真正担负起"标杆"的职责，从而确保国家政策性农业保险推广到位、补贴落实到位。[①]

(三) 不断丰富农业保险种类

我国农业保险现阶段还存在产品种类不够丰富以及产品保障程度低的问题。一方面，保险公司应结合当地实际状况，因地制宜开发拓展具有地区特色的农业保险险种，以满足农业生产需要。另一方面，农业保险应从成本保障机制逐渐转变为价格保障机制，以实现对农业生产的真正保障。此外，保险公司还应加强农业保险的改造创新，对不同险种、不同条款和农业产业"突出点"进行责任扩展和针对性改造，尤其是种植业保险应当坚持保障灾后能恢复农户简单再生产能力的原则。

---

① 刘开迪：《我国政策性农业保险发展现状及存在问题》，载《中国农业信息》，2014 (1)。

(四) 健全农业保险经营服务网络

健全农业保险经营服务网络也是农业保险发展的当务之急。上到总公司,下到乡镇"三农"保险服务部,每个层级都要建立农业保险专门管理机构,对农业保险定价承保、理赔服务、财务管理、团队建设、风险管控、考核奖惩等实行紧密型的系统管理,确保经营管理、风险管控和各项服务到位。① 其中最重要的是加速健全农村基层服务网络,这样不仅可以加速拓展保险业务,更可以实现保险公司灾后快速勘察、快速赔付。

(五) 推动农业保险理论与实务研究

良好的理论基础是有效实践的前提,因此推动农业保险理论与实务研究也必须被重视。首先,相关部门应组织相关机构以及专业研究队伍对农业保险理论与实务进行深层次研究,大力培养研究骨干。其次,研究者应对国内外相关学术资源进行整合,不定期进行学术交流,以促进农业保险研究发展及成果转化。

(六) 加大宣传力度

调查表明,农户对于农业保险政策及业务的认知程度较低,因此,农业保险要实现加速发展,其宣传力度及深度都必须加大。从政府角度来讲,政府可以以相关政策为切入点对农民进行农业保险宣传,面对不同农民群体也可以利用不同的宣传途径,如电视、广播、互联网或者传单等;发挥新闻媒体的作用,开展全方位宣传,充分利用农业保险案例,切实让农民认识到参加农业保险的重大意义。② 从保险公司角度来讲,保险公司可以让专业人员深入农村进行农业保险宣传,使用农民可以接受的方式对他们进行引导,让农民真正感受到农业保险带来的保障。

---

① 徐本议:《农业保险发展面临的矛盾与解决的路径》,载《中国保险》,2014 (6)。

② 孙继祥、崔庆金:《山东农业保险发展的问题与出路》,载《中国保险报》,2007-04-11。

第四节 健全农地流转市场体系，奠定农地合理流转的基础

一、完善农地市场结构体系

农地市场建设的基本目标是"稳制活田"，具体讲就是"一稳定，两不变，三分离"，即稳定集体家庭承包制度，坚持农地集体所有制不变，尤其是耕地的用途不变，把集体土地的所有权、承包权、经营权三权分离。其中，承包权依附于集体经济组织内部农户，而经营权作为一种商品，农户可自愿依法将其有偿转让、出租，亦即建立两级农地使用权市场体系①，通过农地市场配置耕地资源，提高耕地利用效率，见图7-1。

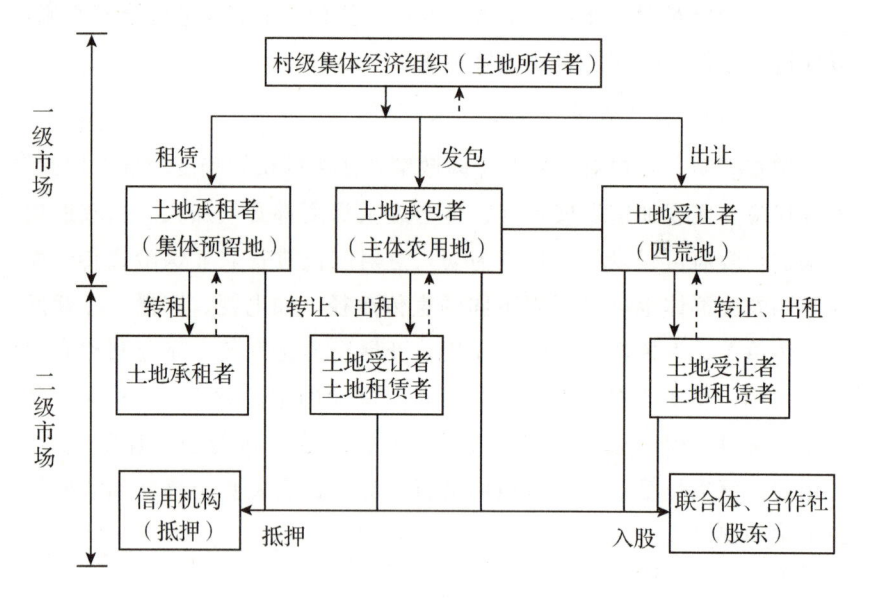

图7-1 我国农地使用权市场目标模式

在集体农地使用权市场结构中，一级市场为垄断市场，包括发包、

---

① 于静波：《我国农地市场目标模式及其构建》，载《中国土地》，1996（8）。

租赁、出让等形式。其中，发包是最主要的形式，而"四荒地"出让和预留地租赁只是补充形式。发包、出让、租赁主体只能是村集体经济组织，是唯一的，具体由村委会负责。农地使用权二级市场为自由竞争市场，包括转让、出租、转租、交换、委托代耕、入股、抵押等形式，其转出、转入主体是多元的。两级使用权市场相互作用、相互联系：一级市场是整个市场体系的关键部分，是二级市场健康发育的基础条件；二级市场是整个农用地使用权市场体系中最活跃的部分，是一级市场的进一步深化和延续。农地使用权二级市场的运行，使初始静态的农地经营模式转型为动态经营模式，既考虑了公平，又兼顾了效益，同时释放了农地的财产功能，这应是新形势下我国集体土地家庭承包制的制度内涵。

二、加强宏观调控以稳定供求，促进市场健康发育

政府宏观调控与市场机制相结合的资源配置方式，是现实条件下非常有效的土地市场运行模式。对于土地这种稀缺、不可替代的资源，不能放任其单由尚未成熟的市场来调节配置。从宏观调控的角度来看，对进入市场的土地资源进行统一或计划性调配，可以在一定程度上缓解土地自身特性所引发的市场本身对资源配置不力的局面。同时宏观调控的导向也是供求双方进入市场的重要参考因素。因此，农地流转需要宏观调控介入，从以下几个方面稳定供求。

（一）加强农民培训，增加农业补贴，促进农地流转

做好农民的培训工作，使之对农地流转和农地流转市场有充分的认识，帮助农民在对比地租和土地经营预期收益后独立做出判断，提升农民的市场地位，尽量使交易双方地位对等，使农民更愿意进入市场，从根本上促进农地流转。同时，政府也可以根据实际情况，给予流转双方一定补贴，使供求双方更加愿意参与到流转中。

（二）深入推进土地整治，促进土地规模连片

因地制宜开展土地整治，进行土地调整，使农户及规模化经营主体的土地尽量集中连片，降低土地细碎化程度，提升规模效益。对存在于规模经营主体土地之中且不愿意流转的插花地块，政府可以通过

协商的方式，将其置换到别的地方，以解决规模经营主体使用土地的困难，解决经营成本增加的难题。

（三）加强农村社会保障体系建设，弱化土地保障功能

由于当前农村社会保障体系不健全，很多农民仍然偏向于将土地作为一种生存保障而不愿意进行流转。要扩大农地流转规模，保障农地流转市场稳步发育，必须继续完善农村社会保障制度，加强保障措施，削弱土地的保障功能，降低农民对土地的依赖程度，使得流出土地后的农民可以有基本的生活保障。同时，继续发展农村农业规模化经营，在农村开辟更多农业就业岗位，吸引更多流向城市的劳动力回流，减缓农村劳动力老弱化趋势，这也是弱化土地的社会保障功能、发展农村经济、促进农地市场稳步发育的必要措施。

（四）转变经营模式，促进农民增收

在现实生产生活条件下，由于农民生活观念比较保守，即使地租收益预期高于农地直接经营收益预期，很多人仍然不愿意流转农地。针对这一问题，很多地区都在试点建设新型社区。

以滕州市西岗镇为例，有关部门对该社区内农户的土地进行集中、规模化、专业化经营。农民以土地作为资本投入集体经营，年末分红，这不仅可以从根本上解决规模流转难的问题，而且可以促进农地规模经营，提升规模效益，增加农民收入，促进农地资源的高效利用。通过实地考察，这一措施收效良好，不仅使得该镇农民经济收入提升了很大一个层次，而且促进了农地资源的合理配置。

专栏7-7　南沙河镇新流转农地4500亩

滕州市南沙河镇积极创新农村经营机制，加快培育现代农业经营主体，使耕地逐步向专业合作社、家庭农场和农业龙头企业集中。今年全镇新成立15家合作社，至此全镇合作社达到44家；新流转农地4500亩，至此全镇合作社流转面积达到8280亩。其中上营、南池两个村实现了整建制流转。该镇以种粮大户为试点成立了7个家庭农场，其中盼宇家庭农场是全市第一个家庭农场。全镇家庭农场流转农地3500亩。镇政府积极引导有资金、懂技术、善经营的农业龙头企业

参与土地承包经营权流转。亿源菌业有限公司在前房村流转农地300亩，推广食用菌智能化温控立体种植技术，带动当地食用菌栽培技术整体提升。

资料来源：南沙河镇政府，2014年。

（五）组建合作联盟，降低生产成本

农村规模经营主体融资困难问题是限制其扩大经营规模的一个重要因素。针对这个问题，这些经营主体可以在地方政府的引导下，建立新型的农村规模经营主体合作联盟，通过生产资料的联合采购和大型农机具的共享使用，降低生产成本。

济宁市兖州区于2013年7月由区农业局发起成立了全省首家种粮大户合作联盟，在联盟内实行资源和信息共享以及大型农机调配使用，并为符合条件的种粮大户提供贷款便利。这种合作组织仅以引导、服务为目的，不搞联合经营，紧密地将金融机构、合作联盟和规模经营主体三方连接在一起。同时联盟内部成立联保小组，为联盟内部成员提供了很大的贷款便利，对经营主体扩大规模具有很大的促进作用。联盟内部除粮食生产担保贷款外，还对成员进行各方面的帮扶，如集中购置生产资料、统一大型机械、统一订单销售等，直接提高了经营主体的积极性，有效规避了经营风险，提升了经营效益，为农地流转市场发展提供了强大的助力，有效促进了农地流转。

三、完善流转价格机制，规范交易价格

市场价格是当前市场状况下供求双方做出流转决策的主要参考依据。但是很多地方缺少农地市场基准地价，更缺乏相应的地价评估制度以及权威评估机构，而且市场交易多出于自发，加之农地资源的稀缺性愈加明显，所以在没有价格保护机制的情况下，纯粹的利益驱动将导致市场价格持续变动，使得市场交易困难增加。[1] 因此，规范市

---

[1] 蒋敏、邱道持、杨夕：《中国农村土地资产市场研究综述》，载《中国农学通报》，2014，30（2）。

场价格、提供价格保护就成了流转市场稳步发展的重要前提。

首先应规范农地价格体系。有的地区农地肥沃，有的地区农地贫瘠，而且不同地块、不同地区的经营类型也不尽相同，因此，相关部门应当在考虑农地差异的基础上，将各项价格影响因素以统一市场价格的方式固定下来，为最后交易价格的制定提供直观的参考依据。同时相关部门可以参照国外流转管理机制，引进先进的价格评估体系，结合各地区实际状况，制定符合本区域实际状况的价格评估体系。

其次应组建价格评估机构。虽然价格是供求双方关注的焦点，但是流转主体对交易价格的形成过程并不了解，很多情况下只是单纯地参照既有流转案例的价格进行交易。因此，在相关部门引导下建立权威的价格评估服务机构就成为保护市场价格的必要措施。

最后应建立价格指导机制。相关部门应当针对本地区资源环境状况、土地利用实际情况等，建立价格指导机制，对交易进行保护，避免单靠不成熟的市场机制调节而引发的市场价格持续倾斜或大规模动荡，以保护流转双方的利益。

四、完善市场组分，规范交易市场

由于我国农地流转市场尚处于初级发展阶段，很多功能和组成部分并不完善。同时，由于市场交易双方没有一个综合的信息来源，没有一种途径可以将需求和供给对接，加上市场交易多出于自发行为，很多交易过程不规范。因此，由公共权力引导，组建一个综合规范、非营利性质的综合服务管理平台，具有很重要的现实意义。

（一）组建规范交易平台，促进市场有序运行

相关部门应以该类型平台建设为基础，继续健全流转市场，为进入市场的交易双方提供一个规范的交易环境，引导他们进行规范交易，对进入流转市场的农地进行统一管理，对参与流转过程的农地统一登记备案，监督供求双方签订规范的合同，促进流转关系稳定发展和流转土地连片集中。

以山东省滕州市南沙河镇为例，镇政府于2003年建立了农村产权交易所，设立了南沙河镇农村产权交易网站，这相当于一个集资源管理、信

息传播、交易规范为一体的综合管理服务平台。这个平台可以有效地将本地区的需求和供给进行集中，提供了一个完善的对接途径。同时，这个平台还可以对交易价格和过程进行严格监控，避免任何一方的利益遭受损失。更重要的是，这个平台可以对参与市场流转的农地进行备案，可以有效避免不规范流转所引发的纠纷，促进了农地的合理规范流转和农地资源的合理配置，为农地流转市场的稳步发育奠定了坚实的基础。各地可以以南沙河镇农村产权交易所为借鉴对象，搭建类似的综合服务管理平台。

（二）加强信息网络平台建设，促进流转信息快速集散

相关部门应建立上下贯通的新型综合信息平台，将各种供求信息统一汇总分类，积极引导供求对接，以降低过程成本，提高流转效率。基于平台流转的高效率和对供需的吸引力，除引导供需对接外，平台还可以将汇总后的供需信息对外发布，这样不仅可以寻求更好的对接对象，还可以吸引更多的供需主体进入市场，有效提升农地流转效率。

专栏7-8　兖州区建立了完善的农地流转服务体系

济宁市兖州区以落实《农村土地承包法》为主线，以稳定农村土地承包关系为目的，以推进农村土地有序流转为抓手，搭建流转服务平台，搞好流转指导服务，培育发展新型农业经营主体，实现了农地流转方与流入方的有效对接和互利双赢，促进了农业和农村经济的迅速发展。其中，兖州区搭建的服务平台，推动了土地流转。区级以农经办为依托成立了农地流转服务中心；10个镇以农经站为依托成立了农地流转服务中心，设立了农地流转服务大厅；各村成立了农地流转服务站，由村会计任农地流转信息员。全区构建起区、镇、村三级农地流转服务平台，形成了全区上下贯通、分工明确的农地流转服务体系。各级服务部门立足本职，扎实开展农地流转供求登记、流转信息发布、价格评估、合同签订、档案管理、纠纷调处、法规政策咨询等服务。兖州区目前拥有村级流转信息联络员406人，每年通过联络员上报的信息总数达2000余条，有效提高了农地流转效率，对该区的农业发展起到了非常积极的作用。

资料来源：项目组调研资料，2014年。

这种新型信息平台相较于传统中介，具有信息量大、速度快、现势性强、更加规范、公信度高等特点，有效解决了传统中介只是片面发布交易信息、覆盖面小且信息存在严重滞后性等问题，避免了农地只能在局部小区域流转、农地资源过剩与紧张并存等局面的出现，为农地流转市场发展提供了强大助力。

五、加强制度供给，扶持与监管并重

人多地少的国情使得我国面临严峻的粮食安全问题，因此我国实行了世界上最严格的土地用途管制制度和耕地保护制度。项目组在调查走访中发现，在很多农地流转之后，经营主体尤其是一些下乡的工商资本，为追求更高的经营效益，擅自改变乡（镇）土地利用总体规划确定的土地用途，放弃粮食作物种植，甚至变相进行房地产开发。农地流转后的非粮化经营，在一定程度上威胁到了我国粮食安全，且不利于农业经济的长远发展。因此，相关部门应当出台相关政策加大对流转土地用途的监管力度，尤其加大对任意变更农业经营种类的经营主体的监管力度；同时在保障粮食安全的基础上，扶持规模经营主体的发展。

现行农地相关政策多是限定农地的农业用途的政策，并未对经营种类做出明确规定。因此，在出台相关法律政策以防治农地非粮化现象继续蔓延的基础上，地方政府可以运用行政手段保证流转农地的粮食种植用途：①根据各地方实际状况，给规模经营主体发放一定补贴，用以冲抵其经营成本，提升其经营效益，并将这种补贴以政策的形式固定下来，由此减弱经营主体变更种植类型的意愿；②对基本农田保护区进行严格保护，对相关经营主体行为进行严格监管，保证基本农田的粮食种植用途。对于流转的非基本农田，相关部门应尽量引导经营主体进行粮食种植，加强相关立法，用法律形式对农地经营方式进行严格规范；在农村发展规划中，划定粮食生产区，并严格监管，不得改变种植类型，由此保证国家粮食安全。

第五节　建立健全农地流转管理体系，促进农地有序流转

规范政府职能，完善农地流转管理体系，加强政策、法规的执行力度，制定科学的流转调控程序，完善土地利用总体规划，是促进农地有序流转的基本保障。

一、加强政策、法规的实施与执行力度

首先，地方政府要加强政策和法律服务，普及有关农地流转的政策与法律规定，宣传解释转包、出租、转让、互换、股份合作等法定流转形式的基本内涵，确保各主体依法规范流转土地。其次，地方政府要制定切合本地实际的可操作性强的农地流转配套政策，规范农地流转的范围、对象、程序、用途等，建立激励机制和激励措施，促进农地流转市场的完善和健康发展；再次，各地开展农地流转试验点，应在法律、政策允许的范围内进行，超越现行法律、政策规定的试验要依法审批、严格管理；最后，农业部门要加强与纪检、监察、纠风、司法、信访、国土等部门的沟通协作，切实纠正和查处侵害农民土地承包权益等问题。同时，相关部门要加强农地用途管制，正确引导规模经营主体发展粮食生产，促使流转农地向种粮方向发展，防止流转的农地改变农业用途，防止基本农田非农化。

二、加强基层政府公共服务职能

地方政府尤其是县、乡基层政府，要强化自身在农地流转中的公共服务职能。

首先，认真落实中央的农村政策。一是坚持家庭联产承包责任制不动摇，稳定民心；二是严格执行"土地承包30年不变"和"增人不增地，减人不减地"政策，稳定农地一级市场；三是切实落实中央减轻农民负担的政策和各项惠农政策，严格控制各项农业生产资料价格上涨，使农业生产有利可图，促进农地二级市场发育。此外，深入贯彻国家新型城镇化发展战略，大力发展非农产业，破解城乡人口流动

户籍壁垒,加速推进新型城镇化,促使农村剩余劳动力向城镇和非农产业转移,缓解农村人地矛盾,促进农地流转。

其次,加大农村公共物品的供给力度。改革开放以后,农村实行了家庭联产承包责任制。一家一户的生产组织形式以及农村集体经济的弱化,使得涉农公共物品供给主体缺位,弱化了农业生产保障能力。因此,县、乡政府要承担涉农公共物品的供给责任,加大对农村道路、农田水利设施、农村电网改造建设以及土地整治、科技兴农的资金投入力度,增加服务于农业生产的公共物品的供给数量并提高其质量,从而提高农业生产的比较利益,增强农民从事农业生产的积极性。

再次,加强农地流转服务机构建设。基层政府尤其是乡镇政府,应结合本地实际情况,依托农村经营管理部门建立土地承包经营权流转服务中介,建立流转信息网络平台和服务平台,为农地转入方和转出方提供市场信息分享、流转咨询、价格评估、合同签订指导、利益关系协调和纠纷调处等服务,为培育良好的农地流转市场环境创造有利条件。

最后,建立健全农地流转行政仲裁和调解机构。建立农地流转行政仲裁调解机构,探索并完善仲裁程序、仲裁方法和仲裁制度,制定完善的农地流转纠纷调处机制,有效化解农地流转过程中的矛盾纠纷,维护流转双方的合法权益,尤其要维护好作为弱势一方的农民的合法权益。

三、完善县(市)、乡(镇)土地利用总体规划

土地利用总体规划是政府宏观管理土地利用的基本手段,是农地流转的基本依据。当前的土地利用总体规划对农地流转的约束性太强,在某种程度上限制了农地流转。从有利于农地流转的角度出发,政府应从以下两个方面完善县、乡两级土地利用总体规划。

一是完善土地利用总体规划用途分区。第三轮土地利用总体规划对设施农用地关注不够。很多县、乡规划没有设定独立的设施农用地,致使设施农用地的数量不足、布局缺位,限制了农村规模经营主体发展,制约了农地流转和规模经营。为适应现代农业发展需要,进一步

促进设施农业健康有序发展，国土资源部、农业部联合下发了《关于进一步支持设施农业健康发展的通知》，在加大政策扶持力度，保障设施农业合理用地需求的同时，进一步规范设施农用地的使用，强化部门执法监管。为此项目组建议，在下一轮土地利用总体规划尤其是乡级土地利用总体规划修订时，相关部门应加强对设施农用地需求的研究，优化设施农用地布局，合理界定设施农用地范围，积极支持设施农业发展用地，科学划定设施农用地分区，以解决规模经营主体因缺乏设施农用地而面临的经营困难问题，为他们扩大经营规模提供助力，为促进农地合理流转及农地资源优化配置提供规划支持。

二是适度增加土地用途分区管制的弹性。县、乡土地利用总体规划划定了土地用途区，并制定了各区土地利用管制规则，这些规则是各区土地利用的根本依据。第三轮土地利用总体规划的核心目标之一是保护耕地，因此各区的管制规则都突出了对耕地的保护，尤其是基本农田保护区和一般耕地区更是制定了刚性的保护要求和用途变更规则，强调"粮地粮用"。这些刚性规则有效保护了耕地，但在一定程度上限制了市场对农地资源的配置调节作用，制约了农业结构调整，影响了农地利用效益。因此，政府应当适当放宽基本农田保护区和一般耕地区的管制要求，在严格耕地非农化的前提下，将"粮地粮用"放宽为"粮地农用"，充分发挥市场在农业生产中的决定性作用，在不破坏耕作层的前提下，经过所在地县级人民政府批准，允许耕地和基本农田从事园艺业和林果业生产活动，以提高耕地的产出效益，促进农地流转。

第六节 优化乡村治理结构，促进农地合理流转

一、优化选举制度，增强村委会的组织服务功能

在乡村治理中，村委会作为传统的乡村治理主体，其领导、组织、服务功能的强弱，对村庄农地流转具有重要的影响。因此，优化村委会选举制度，组建真正为民服务的乡村治理主体很有必要。相关部门

应制定专门的村委会选举法,规范、统一村委会选举程序,完善候选人提名方式及竞选制度,建立健全村委会选举的监督机制,使选举信息公开化,让公众的权利在"探照灯"和"摄像头"下运行,让选举能够真正表达村民自己的真实意愿,让他们真正行使民主权利,选出能够真正为民服务的村委会。

专栏 7-9　村委会提供服务,村民年年有收入

为了把农民彻底从土地上解放出来,山东省滕州市南沙河镇上营村村委会积极引导农民以土地入股的形式加入土地股份合作社,由合作社把全村 1230 亩土地整建制流转给上营粮蔬专业合作社和种植大户。土地流转之后,上营村对田垄进行平整,并消除部分沟、路、渠,使种植面积增加了 150 亩,每年为集体增收 9 万元。农民以土地入股,除了每年获得每亩土地固定分红 600 元以外,还可以在合作社打工,获得工资性收入,实现了农村土地的资本化、股份化、分红化目标。

资料来源:项目组调研资料,2014 年。

村委会不能将农地流转作为牟利手段和政绩强制推进,但政府杜绝村委会介入农地流转也不是建设性做法,应充分发挥村委会这一行政力量在农地流转中的协调推动作用[①]:一是担当农地流转的宏观管理者,搭建流转交易平台,缓解交易双方的信息不对称,提供一定程度的信任担保,降低交易的不稳定性;二是调节交易纠纷,充当交易双方的缓冲器,降低交易成本;三是协助农地权属登记部门做好承包地的权属管理工作,为农地流转提供基础保障。村委会行政力量介入的作用,在规模化流转中表现得最为明显,可以大大降低规模经营企业或种田大户与分散农户谈判的成本。[②] 例如,村委会可以协调农户将细碎化的承包地块调整集中,可以协调开展田块整治以及田间道路、

[①] 赵金龙:《农地流转中需明确的几个问题》,社会管理创新与土地资源管理方式转变——2012 年中国土地科学论坛论文,南京,2012。

[②] 邓大才:《农地流转的交易成本与价格研究——农地流转价格的决定因素分析》,载《财经问题研究》,2007(9)。

水利设施的建设或改造，而这些活动单靠规模经营主体与单个农户谈判协商是很难解决的。再如，诸多农户的农地转给规模经营者之后，其原始边界将被打乱，因而流转合同到期后如何恢复原始权属边界将成为一个棘手问题，这时村委会可以依据土地承包经营权登记资料与图件帮助解决这个问题，这就可以让有意转出土地的农户吃上定心丸，打消他们的流转顾虑。此外，村委会或集体经济组织通过组建农业合作社、股份制农业企业以及反租倒包或者土地银行（信托）等形式，在农地市场建设中发挥更加积极的作用。

二、制衡乡村权力，增加农户经营主体

农地流转目前存在的一个问题是农地过分集中在个别大户手中，为少数人提供了发家致富的机会，而其他农户由于缺乏资金、技术、管理能力等，只能作为农地转出者。因此，乡村治理应该尽量减少富人阶层以及"恶霸"阶层对乡村的控制，使乡村权力均衡发展；要增强普通民众在乡村治理中的话语权，让更多的农户转入土地，发展以农户为主体的家庭农场，避免土地的大规模兼并，促进农地合理流转和适度规模经营。

三、鼓励新型治理主体，构建新型治理体系

随着农地流转的进行和农村经济专业化的发展，新型农民合作经济组织、非政府社会组织和乡村经济能人等新的治理主体在乡村内部悄然出现。虽然这会使乡村面临多元治理主体的冲击和挑战，但这些新的治理主体会产生更多的创新能力，能够积极学习国家关于农地流转的政策和典型地区先进的流转经验。因此，政府应该制定适当的激励机制，鼓励新型治理主体参与到乡村治理中，在农地流转中给予他们适当的优惠及奖励，充分发挥新型治理主体的组织服务功能，构建新型乡村治理体系。

四、稳定乡村社会秩序，创建良好的流转环境

在农地流转之后，农村社会逐渐分层，农民的社会地位、经济收入都会发生较大的变化，同时农村也会释放出大量的劳动力。由于长期从事农业劳动，缺乏必要的务工技能，部分群众不能及时就业，致使村庄的社会秩序在短期内可能失衡。因此，政府应在乡村成立劳务合作社，对乡村劳动力进行必要的技能培训，将剩余劳动力安排到当地企业就业或者输送到外地务工，稳定乡村社会秩序，降低农民对土地的依赖程度，保障农地流转顺利推进；对借农地流转之机进入乡村的企业和个人要设立准入制度，防止他们对农地恶意兼并而使大批农民丧失经营主体地位。

第七节 营造良好的农地流转氛围，积极转变农户观念

农户观念的形成受多种因素的影响，既有传统农耕文化的因素，更有现实客观存在的因素，因此推动农户观念的转变，既需要宣传引导，更需要营造驱动农户转变观念的氛围和环境，使农户在纵横比较中自觉提升认识，在效益考量中主动修正行为，在先进引领下积极对标前列。

一、尊重农户的流转意愿，让农户在经营比较中更新观念

农地流转是稀缺的农地资源再配置的过程，涉及承包农户、规模经营主体、村集体经济组织等多方利益，应由市场起决定性作用，由价值规律主导。国家政策支持农地流转，但农地流转要与农村实际相适应，坚持依法、自愿、有偿原则。政府决不能为了工作业绩而损害农户的承包经营权益。农户有权自主决定承包地是否流转和流转的方式。任何组织和个人不得违背农户意愿，强迫或阻碍承包方进行土地承包权流转，不得改变土地的农业用途，保护土地资源的合理开发与可持续利用。[①] 然而在农地流转过程中，由于权利的驱动及作为稀缺资源的农地在流转过程中蕴藏的经济利益，一些地方政府急于求成，

---

① 胡亦琴：《我国农村土地流转制度创新与绩效分析》，载《经济学动态》，2003 (3)。

一些地方官员将农地流转作为自己仕途发展的手段、私人发财的途径，从而出现了管理越位的现象。政府行为代替了市场选择，政府强制农户流转农地，违背了农户的意愿，实则欲速则不达。[①] 因此在政策的实施过程中，政府要充分尊重农户的意愿，为其营造充分的自由选择的权利与空间，使农户在对比中提升认识，在比较利益驱动中修正行为、转变观念。

二、积极听取农户的意见，形成政策实施与观念转变的共振效应

农户作为农地流转过程中最直接的参与者，对农地流转过程中出现的问题相对比较了解。目前，立法者与民众之间存在着信息不对称的情况，即农户的需求与呼声往往因为缺乏表达的途径而被忽略，这其中不乏能对我国现行农地流转政策起积极作用的建议。相关部门在立法过程中，应当认清农户在农地流转过程中扮演的角色，积极听取广大农户的建议，通过建立健全网上意见反馈论坛、专栏等方法，公开征求社会各界的意见，为农户搭建可以表述自己建议的途径。农户的合理建议被采纳后，他们的需求得到满足，对土地的依赖程度降低，有利于加快农地流转进程。

三、健全农村社会保障体系，夯实观念转变的社会基础

对于以农业生产为主业的农户来说，种地收入仍然是其主要的收入来源。他们的生存严重依赖土地，致使农地流转较为困难。而对于以种地为副业的非农收入比重较高的农户来说，虽然农业收入对其收入影响较小，但社会保障制度不健全，使得他们在农地流转的过程中仍然顾虑较多。因此，要想推进农地流转的进程，相关部门就必须健全农村的社会保障体系。首先，在立法层面，相关部门要继续完善最低生活保障制度，满足困难群众的基本生活需求。其次，在社会层面，相关部门应通过多途径宣传，增强农民的自我保障意识，提高农民参加养老保险的自觉性。健全农村保障机制，使农户得到更加完善的生

---

① 戴青兰：《农地流转中地方政府缺位和越位问题研究》，载《经济纵横》，2010（12）。

活和生存保障,降低他们对农地的依赖程度,从而大大提高农地流转的效率。

四、构建新型农村生活模式,立新破旧转变观念

农民归根结底还是要和土地打交道的,所以让农民完全脱离土地也是不现实的,只有寻求适合我国农村的生活模式,让农民逐渐摆脱对土地的依赖才是最有效的途径。建立新型农村生活模式,首先,相关部门要改善农民的居住环境,健全配套服务设施,例如商业服务设施、医疗卫生服务设施、文体设施等,让农民享受到和城市人一样的公共服务。其次,相关部门要从实际出发,充分尊重农民群众的意愿,科学寻求健康的农村生活模式,不能搞强迫命令,不能强迫农民"整村上楼"。以济宁市兖州区大安镇后白楼村的新型农村社区建设为例,该村通过科学选址、规划,将村民集中于社区,通过全村土地整理、开发、复垦出大量耕地,获得了可观的城乡建设用地增减挂钩收益。同时村组织积极招商引资,为农民开辟了更多的非农就业机会,使农民的非农收入逐渐增加,使他们对土地的依赖程度减小,有效缓解了农民"上楼"与"下地"的矛盾。农村生产生活配套设施的完善,使农民生活有了充分保障,推动了农地流转快速进行。截至2014年10月,流转农地已占全村可耕种土地的95%以上。

农户流转意愿实证分析表明,户主文化程度的高低对农户农地流转意愿具有显著的正向影响,即文化程度高的农户更倾向于进行农地使用权流转。[1] 因此,相关部门应积极开展农民再教育,提升农民素质,鼓励大中专学生加入农业生产队伍,培育新型职业农民,通过典型引领升华农民观念,促进农业生产由单一、手工向多元、自动化、机械化转型,逐渐使第一产业与第二、第三产业融合。

五、科学普及土地政策,营造观念转变的文化氛围

了解是参与的基础,宣传是了解的途径。在农地流转中,政府应

---

[1] 钟菲:《农户农地使用权流转意愿与行为研究——以重庆市北碚区静观镇为例》,硕士学位论文,西南大学,2010。

扮演好自己的角色，做好舆论引导，利用多种形式和渠道，积极宣传农地流转的法律法规和政策，树立农地流转中的先进典型，努力营造有利于加快农地流转的舆论和文化氛围；通过科普讲座等形式，积极讲解各级党委、政府颁布的农地流转相关文件及《农村土地承包法》《土地管理法》《合同法》等相关法律法规；以各地的农村服务站为依托，深入各个乡镇进行宣传、指导，使农民理解农地流转的含义，强调农地流转只是经营权的改变，绝不会改变农民的承包权，也绝不会走土地"私有化"的道路，打消一些人的疑虑与幻想；同时通过农地流转服务平台，发布流转信息，指导农民进行规范化农地流转。

参考文献

[1] 毕宝德. 土地经济学(第7版)[M]. 北京：中国人民大学出版社，2016.

[2] 曹建华，王红英，黄小梅. 农村土地流转的供求意愿及其流转效率的评价研究[J]. 中国土地科学，2007，20(5)：54-60.

[3] 曹帅，林海，曹慧. 中国农业补贴政策变动趋势及其影响分析[J]. 公共管理学报，2012，9(4)：55-63.

[4] 陈昊，夏方舟，严金明. 新型城镇化背景下农村土地制度创新研究评述[J]. 中国土地科学，2013，27(11)：80-84.

[5] 陈明，武小龙，刘祖云. 权属意识、地方性知识与土地确权实践——贵州省丘陵山区农村土地承包经营权确权的实证研究[J]. 农业经济问题，2014(2)：65-74.

[6] 陈小君，高飞，耿卓，等. 后农业税时代农地权利体系与运行机理研究论纲——以对我国十省农地问题立法调查为基础[J]. 法律科学(西北政法大学学报)，2010(1)：82-97.

[7] 陈玉梅，吕萍. 新型城镇化建设的制度创新：综合动因与体系架构[J]. 江海学刊，2014(6)：79-85.

[8] 陈钊. 新制度经济学方法论剖析[D]. 北京：中央民族大学，2005.

[9] 程冬民，周克任. 山东省农村土地流转现状与对策研究[J]. 山东经济，2011(4)：151-156.

[10] 程国强. 在"绿箱"与"黄箱"中做文章——透视中国农业补贴[J]. 中国改革，2001(9)：46-48.

[11] 戴青兰. 农地流转中地方政府缺位和越位问题研究[J]. 经济纵横，2010(12)：23-26.

[12]邓大才.农地流转的交易成本与价格研究——农地流转价格的决定因素分析[J].财经问题研究,2007(9):89-95.

[13]丁关良.土地承包经营权流转法律制度研究[M].北京:中国人民大学出版社,2011.

[14]丁关良.《物权法》中"土地承包经营权"条文设计研究[J].浙江大学学报(人文社会科学版),2005,35(2):49-58.

[15]杜芸,杨青.WTO框架下我国农业补贴政策现状分析[J].生态经济,2010(3):99-102.

[16]方创琳,刘晓丽,蔺雪芹.中国城市化发展阶段的修正及规律性分析[J].干旱区地理,2008,31(4):512-523.

[17]房燕青.我国农业保险实践中的困境分析[J].特区经济,2014(5):165-166.

[18]高连克.论科尔曼的理性选择理论[J].集美大学学报(哲学社会科学版),2005,8(3):18-23.

[19]郜亮亮.中国农地流转发展及特点:1996—2008年[J].农村经济,2014(4):51-54.

[20]郭晓鸣,张克俊.城乡经济社会一体化新格局战略研究[M].北京:科学出版社,2013.

[21]国家新型城镇化规划(2014—2020年)[M].北京:人民出版社,2014.

[22]韩松.新型城镇化中公平的土地政策及其制度完善[J].国家行政学院学报,2013(6):49-53.

[23]何萍,张文秀.城乡统筹试验区农户农地流转意愿研究——基于成都市296户农户调查[J].资源与产业,2010,12(5):111-116.

[24]何一鸣.产权管制放松理论:验证于中国的农地制度变迁(1958—2008)[M].北京:中国经济出版社,2010.

[25]何忠伟.中国农业补贴政策的效果与体系研究[D].北京:中国农业科学院,2005.

[26]贺书霞.土地保障与农民社会保障建设的关联性[J].农村经济,2013(6):89-92.

[27]侯明利. 劳动力流动与农地流转的耦合协调研究[J]. 暨南学报（哲学社会科学版），2013(10)：150-155.

[28]侯培，杨庆媛，何建，等. 城镇化与生态环境发展耦合协调度评价研究——以重庆市38个区县为例[J]. 西南师范大学学报（自然科学版），2014，39(2)：81-87.

[29]胡存智. 构建完善的农用土地产权体系[J]. 国土资源通讯，2001(2)：42-48.

[30]胡亦琴. 我国农村土地流转制度创新与绩效分析[J]. 经济学动态，2003(3)：44-47.

[31]黄川. 直接补贴政策对耕地可持续利用的影响分析[J]. 中国农业银行武汉培训学院学报，2010(2)：60-66.

[32]黄少安. 产权经济学导论[M]. 北京：经济科学出版社，2004.

[33]黄贤金，方鹏，周建春，等. 农村土地市场运行机制研究[M]. 北京：中国大地出版社，2003.

[34]黄祖辉，等. 我国土地制度与社会经济协调发展研究[M]. 北京：经济科学出版社，2010.

[35]蒋敏，邱道持，杨夕. 中国农村土地资产市场研究综述[J]. 中国农学通报，2014，30(2)：117-123.

[36]康雄华. 农村集体土地产权制度与土地使用权流转研究[D]. 武汉：华中农业大学，2006.

[37]罗纳德·哈里·科斯. 企业、市场与法律[M]. 上海：格致出版社，上海三联书店，上海人民出版社，2014.

[38]孔东菊. 户籍改革背景下农村耕地流转：问题与应对——以安徽省为例[J]. 华南农业大学学报（社会科学版），2013(1)：11-16.

[39]孔燕. 马克思主义地租理论与我国土地流转[J]. 南阳师范学院学报，2010，9(11)：11-13.

[40]冷雪. 产权视角下的我国农村土地流转[J]. 宜宾学院学报，2006(3)：22-25.

[41]李程骅. 科学发展观指导下的新型城镇化战略[J]. 求是，2012(14)：35-37.

[42]李长健,卞晓伟,吴洁.中国农地流转的障碍及其出路[J].长安大学学报(社会科学版),2009,11(3):5-11.

[43]李光兵.国外两种农户经济行为理论及其启示[J].中国农村观察,1992(6):52-57.

[44]梁琦,陈强远,王如玉.户籍改革、劳动力流动与城市层级体系优化[J].中国社会科学,2013(12):36-59.

[45]刘俊.土地承包经营权性质探讨[J].现代法学,2007,29(2):170-178.

[46]刘开迪.我国政策性农业保险发展现状及存在问题[J].中国农业信息,2014(1):213-214.

[47]刘克春,池泽新.农业税费减免及粮食补贴、地租与农户农地转入行为——以江西省为例[J].农业技术经济,2008(1):79-83.

[48]刘同山,孔祥智.新时期农村基本经营制度的问题、对策及发展态势[J].农业经济与管理,2013(5):53-64.

[49]刘云刚,王丰龙.尺度的人文地理内涵与尺度政治——基于1980年代以来英语圈人文地理学的尺度研究[J].人文地理,2011(3):1-6.

[50]卢福营.当代浙江乡村治理研究[M].北京:科学出版社,2009.

[51]卢现祥.新制度经济学(第2版)[M].武汉:武汉大学出版社,2011.

[52]论卫星,杨林生.农业散户与农业大户间土地流转障碍探析[J].商业研究,2014(5):80-87.

[53]吕晓,牛善栋,张全景,等.基于内容分析法的集体建设用地流转政策演进分析[J].中国土地科学,2015,29(4):25-33.

[54]吕晓,肖慧,牛善栋.农户的土地政策认知差异及其影响因素——基于山东省264户农户的调查数据[J].农村经济,2015(2):31-36.

[55]吕晓.建设用地扩张过程的时空均衡分析及管控研究——以南通市通州区为例[D].南京:南京大学,2012.

[56]马冬.基于新型城镇化视角下的土地流转问题研究[J].广西财经

学院学报, 2014, 27(2): 14-17.

[57] 马克思. 资本论(第3卷)[M]. 北京: 人民出版社, 2004.

[58] 马克思, 恩格斯. 马克思恩格斯全集(第26卷)[M]. 北京: 人民出版社, 1973.

[59] 马立. 当前中国农村地权变化的理论研究成果与实践动态[J]. 湖北社会科学, 2007(9): 85-88.

[60] 孟令冉, 吴军, 吕晓. 农村土地承包经营权确权登记工作问题研究——以山东省三市为例[J]. 国土资源情报, 2015(6): 49-55.

[61] 牟燕. 农业政策调整对农地流转市场的影响: 理论分析与实证研究[D]. 南京: 南京农业大学, 2007.

[62] 牟燕, 郭忠兴. 农村土地流转市场失灵的博弈分析[J]. 国土资源科技管理, 2006(1): 45-48.

[63] 聂建亮, 叶涛, 王俊, 等. 基于双尺度产量统计模型的农作物多灾种产量险费率厘定研究[J]. 保险研究, 2012(10): 47-55.

[64] 钱忠好. 农村土地承包经营权产权残缺与市场流转困境: 理论与政策分析[J]. 管理世界, 2002(6): 35-45.

[65] 曲福田. 中国工业化、城镇化进程中的农村土地问题研究[M]. 北京: 经济科学出版社, 2010.

[66] 单卓然, 黄亚平. "新型城镇化"概念内涵、目标内容、规划策略及认知误区解析[J]. 城市规划学刊, 2013(2): 16-22.

[67] 沈国俊, 朱洪兴, 崔佳. 旅游产业与城镇化耦合协调发展实证研究——以黄山市为例[J]. 农村经济与科技, 2014, 25(9): 113-116.

[68] 苏敬媛. 从治理到乡村治理: 乡村治理理论的提出、内涵及模式[J]. 经济与社会发展, 2010(9): 73-76.

[69] 苏新鸟. 农地流转的传统思想观念制约及创新[J]. 特区经济, 2013(2): 117-118.

[70] 孙继祥, 崔庆金. 山东农业保险发展的问题与出路[N]. 中国保险报, 2007-04-11(1).

[71] 王国敏. 农业自然灾害的风险管理与防范体系建设[J]. 社会科学研究, 2007(4): 27-31.

[72] 王凯. 基于农民认知视角的农地产权制度变革研究——以成都市为例[D]. 成都: 四川农业大学, 2011.

[73] 王文超, 张全景, 吕晓. 山东省农地流转现状及演变态势分析[J]. 国土资源情报, 2015(11): 49-56.

[74] 王咸宁. 关于新制度经济学方法论的有关思考[J]. 湖北经济学院学报, 2007, 5(2): 19-22.

[75] 王小映. 推进农村土地承包经营权登记具有多重意义[N]. 农民日报, 2014-10-23(1).

[76] 温世扬, 武亦文. 土地承包经营权转让刍议[J]. 浙江社会科学, 2009(2): 49-55.

[77] 温铁军. 三农问题与制度变迁[M]. 北京: 中国经济出版社, 2009.

[78] 吴象. 农村改革与小农思想[J]. 黎明职业大学学报, 1993(1): 100-103.

[79] 吴远翔. 基于新制度经济学理论的当代中国城市设计制度研究[D]. 哈尔滨: 哈尔滨工业大学, 2009.

[80] 武中哲, 王洁. 山东省农地流转中农民意愿与政策导向[J]. 科学与管理, 2011(6): 21-25.

[81] 新玉言. 新型城镇化理论发展与前景透析[M]. 北京: 国家行政学院出版社, 2013.

[82] 信忠保, 谢志仁. 自然灾害对山东经济可持续发展的影响及对策[J]. 灾害学, 2005, 20(1): 53-56.

[83] 徐本议. 农业保险发展面临的矛盾与解决的路径[J]. 中国保险, 2014(6): 47-49.

[84] 徐丽艳. 现阶段我国农产品流通体制存在问题及完善对策[J]. 商业时代, 2010(21): 16-17.

[85] 徐美银. 农民阶层分化、产权偏好差异与土地流转意愿——基于

江苏省泰州市 387 户农户的实证分析[J]. 社会科学, 2013(1): 56-66.

[86] 徐勇. 乡村治理与中国政治[M]. 北京: 中国社会科学出版社, 2003.

[87] 许学强, 薛凤旋, 阎小培. 中国乡村——城市转型与协调发展[M]. 北京: 科学出版社, 1998.

[88] 杨博. 农业补贴政策对耕地流转影响的实证分析[D]. 南昌: 江西农业大学, 2013.

[89] 杨剩富, 胡守庚, 叶菁, 等. 中部地区新型城镇化发展协调度时空变化及形成机制[J]. 经济地理, 2014, 34(11): 23-29.

[90] 杨学成, 赵瑞莹, 岳书铭. 农村土地关系思考——基于 1995—2008 年三次山东农户调查[J]. 管理世界, 2008(7): 53-61.

[91] 姚士谋, 陆大道, 陈振光, 等. 顺应我国国情条件的城镇化问题的严峻思考[J]. 经济地理, 2012, 32(5): 1-6.

[92] 姚士谋, 张平宇, 余成, 等. 中国新型城镇化理论与实践问题[J]. 地理科学, 2014, 34(6): 641, 647.

[93] 叶剑平, 丰雷, 蒋妍, 等. 2008 年中国农村土地使用权调查研究——17 省份调查结果及政策建议[J]. 管理世界, 2010(1): 64-73.

[94] 尤小文. 农户: 一个概念的探讨[J]. 中国农村观察, 1999(5): 17-20, 51.

[95] 游和远, 吴次芳. 农地流转、禀赋依赖与农村劳动力转移[J]. 管理世界, 2010(3): 65-75.

[96] 于静波. 我国农地市场目标模式及其构建[J]. 中国土地, 1996(8): 23-25.

[97] 袁银传. 小农意识与中国现代化[M]. 武汉: 武汉出版社, 2000.

[98] 张红宇. 中国农地调整与使用权流转: 几点评论[J]. 管理世界, 2002(5): 76-87.

[99] 张杰飞. 我国农业自然风险与管理对策[J]. 华商, 2008(12): 82.

[100] 张全景. 我国土地用途管制制度的耕地保护绩效研究[D]. 南京：南京农业大学，2007.

[101] 张全景，欧名豪. 中国土地用途管制制度的耕地保护绩效研究[M]. 北京：商务印书馆，2008.

[102] 张书琪. 农地发展权归属及其收益分配研究[D]. 兰州：兰州大学，2010.

[103] 张毅，张红，毕宝德. 农地的"三权分置"及改革问题：政策轨迹、文本分析与产权重构[J]. 中国软科学，2016(3)：13-23.

[104] 张占斌. 新型城镇化的战略意义和改革难题[J]. 国家行政学院学报，2013(1)：48-54.

[105] 赵美玲，杨秀萍，王素斋. 农村土地承包经营权流转：现状、问题与对策[J]. 长白学刊，2010(6)：92-97.

[106] 钟菲. 农户农地使用权流转意愿与行为研究——以重庆市北碚区静观镇为例[D]. 重庆：西南大学，2010.

[107] Anthony R M. Urbanization and political change in the developing world: A cross-national analysis, 1965-2010[J]. *Urban Affairs Review*, 2014, 50(6): 743-780.

[108] Beaudry C, Schiffauerova A. Who's right, Marshall or Jacobs? The localization versus urbanization debate[J]. *Research Policy*, 2009, 38(2): 318-337.

[109] Friedman J. Four theses in the study of China's urbanization[J]. *International Journal of Urban and Regional Research*, 2006, 30(2): 440-451.

[110] George C. S. Lin. Peri-urbanism in globalizing China: A study of new urbanism in Dongguan[J]. *Eurasian Geography & Economics*, 2006, 47(1): 28-53.

[111] Liddle B, Messinis G. Which comes first-urbanization or economic growth? Evidence from heterogeneous panel causality tests[J]. *Applied Economics Letters*, 2015, 22(5)349-355.

后 记

呈现给读者的这本拙作,是笔者在山东省软科学研究计划一般项目"新型城镇化背景下山东省农地流转的障碍因素与政策创新研究"(编号 2014RKB01659)研究报告的基础上修改而成的。这是集体的成果,是项目组成员共同劳动的结晶。曲阜师范大学地理与旅游学院土地利用管理方向的研究生马菁池、王文超、郭佳楠、陈昌玲、魏健、岳红艳、陈玉飞、乔秀杰、李发杰、燕雪艳、雷士芬等人参与了项目调研、资料收集与专题研究报告撰写等工作,所以该成果也凝聚着他们的贡献,他们也是本书的作者。

在本书交付出版之际,笔者真诚感谢各方提供的支持和帮助。感谢山东省软科学办公室给予的经费资助,感谢曲阜师范大学地理与旅游学院和社会科学处提供的良好科研条件。感谢山东省农业厅经管处、济宁市农业局经管处、滕州市农业经管局、曲阜市农业局、兖州区农业局、邹城市农业局、日照市国土资源局等单位的领导和朋友,在项目调研和资料收集过程中给予的热情帮助和指导。曲阜师范大学代合治教授、刘志刚副教授、翟腾腾博士、张晓琼教授、张英奎教授参与了报告讨论并提出了宝贵意见,所以该成果也渗透着他们的心血。在项目研究、书稿撰写过程中,我们参考引用了很多前辈、同人的研究成果,他们的学术智慧深深启发了我们。我国著名的土地科学家、中国土地学会副理事长、教育部长江学者特聘教授、南京大学教授及博士生导师黄贤金先生,在百忙中为本书作序,并给予热情鼓励,在此向黄先生表示衷心感谢!北京师范大学出版社华东分社的李飞老师,帮助我们做了大量细致入微的编辑修改工作,在此一并表示感谢。

由于我们水平有限,书稿可能存在疏漏之处,敬请批评指正!

作　者
2016 年 6 月于曲阜师范大学